有效社交

完美沟通的关键技巧与方法

马浩天◎著

南方出版传媒
广东经济出版社
——广州——

图书在版编目（CIP）数据

有效社交 ：完美沟通的关键技巧与方法 / 马浩天著
. —广州 ：广东经济出版社，2017.8
ISBN 978-7-5454-5578-6

Ⅰ. ①有… Ⅱ. ①马… Ⅲ. ①心理交往—通俗读物
Ⅳ. ①C912.11-49

中国版本图书馆 CIP 数据核字（2017）第 164387 号

出 版 人：竹石文化
特约编辑：吴海燕
责任编辑：李惠玉　张晶晶
责任技编：谢　莹
封面设计：润和佳艺

《有效社交：完美沟通的关键技巧与方法》
YOUXIAOSHEJIAO:WANMEIGOUTONGDEGUANJIANJIQIAO YU FANGFA
马浩天　著

出版发行	广东经济出版社（广州市环市东路水荫路 11 号 11-12 楼）
经销	全国新华书店
印刷	北京中振源印务有限公司
开本	710 毫米 ×1000 毫米　1/16
印张	14.5
字数	200 000 字
版次	2017 年 8 月第 1 版
印次	2017 年 8 月第 1 次
印数	1-20000
书号	ISBN 978-7-5454-5578-6
定价	38.00 元

如发现印装质量问题，影响阅读，请与承印厂联系调换。
发行部地址：广州市环市东路水荫路 11 号 11 楼
电话：（020）38306055　37601950　邮编：510075
邮购地址：广州市环市东路水荫路 11 号 11 楼
电话：（020）37601950　营销网址：http://www.gebook.com
广东经济出版社新浪官方微博：http://e.weibo.com/gebook
广东经济出版社常年法律顾问：何剑桥律师

PREFACE 前言

何为有效社交？具体来说，就是如何与人进行有效沟通，并且能灵活地应对各种突发状况。

一个人的成长、成功都是在人际交往中完成的，甚至一个人的喜怒哀乐也和他的人际关系息息相关。成功学大师卡耐基经过长期研究得出结论说：“专业知识在一个人成功中的作用只占15%，而其余的85%取决于人际关系。”现实告诉我们，你无论从事什么职业，只要学会处理人际关系，你就是在成功路上走了85%的路程，在个人幸福的路上走了99%的路程。

德国哲学家卡尔·亚斯帕斯声称：“人类在世上的至高成就，就是两个个性鲜活的人之间所进行的交流。”作为一个社会化的结果，人们已经掌握了一定的人际交往技能，但这些技能的水平仍然有很大的提升空间。每个人都可以做得更好，在自己的人际圈里变得更加善解人意、温和真诚、彬彬有礼、开放直接。

我们身边确实存在很多问题，这些问题都是不擅长社交引起的。因此，我们应当对研究和学习这门艺术加以重视。我们必须勤加练习，多加磨炼，养成小心应对、用心体会、虚心检讨的良好习惯。一方面使自己的社交能力不断提高，另一方面促使自己的人际关系获得改善。

人际交流是人类最伟大的成就，但一般人并没有很好地掌握它。在我们的现实社会中，很少有人愿意与别人分享对自己很重要的事情——软弱、害羞、脆弱等。同样，也很少有人会真正倾听他人、理解他人。两个人在一起交谈，对方脑子里却在想其他的事情，或者在想自己接下来该怎么说。人际关系学家内森·米勒自嘲说："在美国，谈话已经变成了一场竞技运动，最先深呼吸的人就表明了自己是听者。"无效社交会导致人与人之间的隔阂加深，进而影响到生活。当一个人失去了有效社交的能力时，就会产生挫败感，从而对工作和生活产生负面影响。

美国石油大王约翰·洛克菲勒说："我愿意付出比天底下得到其他本领更大的代价去获得与人相处的本领。"所以，聪明的人时时处处经营人脉，并将有效社交看成一生中最大的财富。

会社交就有力量，会社交就有竞争力。在知识经济时代，如果想成功，就必须明确自己的目的所在——有效社交，为此，我们就不得不从多方面的角度来思考这个问题，客体、主体、口才、心理、心态、语言、形象、环境等各方面的要素都会影响我们社交的成败。为了更好地掌握这些影响因素，本书详尽地讲述了社交的各种技巧和方法，以及社交中需要注意的问题。此外，本书还系统地介绍和讲述了社交技巧在不同场合中的具体运用和操作，并列举了丰富而精彩的故事案例，从而使理论变得更为通俗易懂、实际可行。

相信本书中的每一条理论都会对你有所帮助，每一则案例也都会对你有所启发。只要阅读此书，你定会掌握切实有效的社交技巧，成为一个高段位的沟通者。

CONTENTS

目录

第一章 陌生人，我们来交个朋友吧

第二章 会聊天，新朋友一个接着一个来

第三章 说话有逻辑，在任何地方说服任何人

第四章 给他人搭个台阶，还自己一个舞台

第五章 进退有度，纵横职场

第六章 甜言蜜语，情场沟通不会失意

第七章 正确处理家庭内部的人际关系

第八章 谨言慎行，留心人际沟通中的雷区

第九章 常怀一颗“取经心”，才能超越自我

第一章

陌生人，我们来交个朋友吧

“他们喜欢你吗？”这个问题看起来像是小学生提出来的，但事实上，它却是有效社交的关键。在生活中，我们都在以这样或那样的方式，向世界传递着自我的信息……而且这种传递很少是有意识的。在人与人之间的交往中，有60%～70%采用的是非语言交流的方式，非语言交流的重要性由此可想而知。

小测试：你对陌生人的防范意识强吗

如果有个陌生人出现在你身边，对你献殷勤，与你搭讪，你会怎么对待这个人呢？

A. 认为对方另有所图　　B. 觉得自己有魅力

C. 平静地与对方交往　　D. 立刻拒绝对方的搭讪

测试答案

选择A：你对陌生人戒心挺重的，当有陌生人靠近时，你的防御系统会自动打开。其实，你有这样的想法是不错的，说明你身边的朋友还是挺靠谱的。就算有人心怀不轨，你往往也能一眼看破，见招拆招。

选择B：你的自我意识很强，很多时候你把自己当成世界的中心，对于充当别人生命中的配角毫无兴趣，反正你也不缺追求者。因此，你的弱点尤其明显，陌生人只要对你有求必应，你就会很快坠入别人设下的糖衣炮弹陷阱中。当心，当真正的有心人要利用你时，你也只能乖乖任人摆布。

选择C：你的心灵很纯洁，对别人没有戒心，因此觉得很多人都只是想跟你做朋友。你与人交往可以做到毫无压力，一切都用平常心对待，因此，有时候，即使有人对你另有所图，他也会被你的纯真融化。

选择D：你经常觉得没有安全感，没有信心，也害怕受伤。所以宁愿封闭在一个人的世界里，也不愿别人贸然闯进。因此，你也没有什么朋友。

正确利用第一印象效应

第一印象效应，是指人们在第一次交往中，甚至是在见到对方的最初几秒钟里所得到的印象。显然，这种印象会在对方头脑中占据主导地位，并持续很长时间，从而影响到他人对你的看法。

心理学家认为，第一印象主要体现在性别、年龄、衣着、姿势、面部表情等外部特征上。一般情况下，一个人的体态、姿势、谈吐、衣着打扮等，都在一定程度上反映出这个人的内在素养和其他个性特征。如果你给人展示的是积极而稳重的形象，那么你们下次见面时，即使发生了激烈的争执，对方也会依据最初的印象认为你是一个认真的人。相反，如果你给对方留下了傲慢不羁的印象，那么第二次见面时，即使你诚心与人交谈，对方也会认为你是一个固执己见的人。

著名社会心理学家阿希曾以大学生为对象做过一个心理实验。他让两组大学生评定对一个人的印象。对第一组大学生，他告诉他们说这个人的特点是聪慧、勤奋、冲动、爱批评人、固执、妒忌。很显然，这六个特征的排列顺序是从肯定到否定。对第二组大学生，阿希所说的仍是这六个特征，但排列顺序正好相反，是从否定到肯定。研究结果发现，大学生对被评价者所形成的印象受到特征呈现顺序的影响。先接受了肯定信息的第一组大学生，对被评价者的印象远远优于先接受了否定信息的第二组大学生。这就说明，最初印象有着高度的稳定性，后续的信息甚至不能使其发生根本性的变化。

在社交活动中，第一印象很重要。它是在没有任何成见的基础上，完全凭着你的自我表现来判断的，因而第一印象直观、鲜明、强烈而又牢固。良好的第一印象是打开交往大门的一把无形钥匙，可以说“良好的开端是成功的一半”。如果你的相貌俊美，举止端庄大方，言语机智，谈吐风趣幽默，风度翩翩，就会给人留下美好而难忘的印象。别人就愿意和你进一步交往，通过一段时间的了解，对方觉得你的确不错，你们的关系就会顺利发展下去。反之，第一印象不好，你与对方的交往便不得不就此止步了，因为对方不想再见到你。

一般来讲，第一印象是比较准确的，尤其在有阅历之人的头脑中，准确度更高。当然，也不能一概而论，初次交往也有看走眼的时候，毕竟第一印象接触的是表面的东西，本身就潜伏着偏差。在《三国演义》中，凤雏庞统当初准备效力东吴，于是去面见孙权。孙权见到庞统相貌丑陋，心中先有几分不喜，又见他傲慢不羁，更觉不快。最后，这位广招人才的孙仲谋竟把与诸葛亮齐名的奇才庞统拒于门外，尽管鲁肃苦言相劝，也无济于事。

由此不难发现，一个人留给对方的第一印象是非常重要的，别人对你或者你对别人都是一样的。人们认识事物是一个由表及里、由浅入深的过程，在人们对你的一切都不了解的时候，绝大部分人都会根据个人的第一感觉做事。而你留给对方的第一印象，是决定对方产生何种感觉的关键。

既然第一印象如此重要，那么在交往中我们应当怎样做才能给人留下良好的第一印象呢？以下几个方面需要引起足够的重视。

1. 注意仪表

人的衣着服饰同一个人的身份、地位和修养联系在一起。为给人留下良好的第一印象，在穿着上一定要注意身份和场合。得体、整洁的衣着可以为自己给人留下的第一印象加分。

2. 注意脸部表情与眼神

表情不仅可以充分展示自己的人格和修养，还可以弥补自身的一些先天不足，也可以掩盖自己的一些缺点。在第一次与人见面时，眼睛被对方注视得最多，因此要善于有效运用自己的视线，也要学会了解对方视线的含义并随时调整自己的视线。眼睛可以直视对方，但不要引起对方的不愉快，在与异性的交往中尤其要注意。

3．注意谈吐

在传递信息的过程中，说话的速度、声音大小、音质和口齿清晰度等特点，与说话方式、说话内容同等重要。在表述上，委婉是一种很恰当的方式，含蓄也是有修养的表现，这些都能给对方一种受尊重的感觉。此外，说话幽默风趣也非常重要。

4．注意倾听

听人讲话要保持饱满的情绪，用心理解对方讲话的内容，即使你已经听懂了对方的意思，出于礼貌也应耐心地听下去，要善于做一个谦虚的听众。

5．注意行为举止

身体接触也是沟通的重要手段。见面时有分寸地握手，既得体，又表现了热情、开朗的性格，对于建立第一印象是非常有利的。初次相识，斜坐在椅子上显得缺乏修养，行为随便；远离他人讲话表示与人有心理距离，不接纳他人；目光游离则表明不把他人放在心上。此外，也要讲究站立和坐的姿势、走路的方式以及一些习惯性动作。

6．注意个人卫生

与人见面的时候，最好整理一下自己的服装、领带，检查面部有无需要清理或掩饰的地方。平时要注意修剪自己的指甲，修理胡须、眉毛等，以给人留下一个干净踏实的感觉。

会讲打破沉默的开场白

大文豪林语堂说过：“中国人求人办事时，像写八股文一样，寒暄和客套是少不了的。如果直截了当地开题，就显得不风雅，如果是生客就更加显得冒昧了。”

因此，在生活中不难发现很多人都喜欢用这样的开场白：“你好，很高兴见到你！”然后就是非常无趣的长篇大论。这种开场白一出口，90%的人都会对接下来的内容失去兴趣。

可见，初次见面最困难的就是如何找出话题，等待的时间越长，就越困难。说好见面的第一句话会给对方热情、友善的感觉，有利于快速消除彼此的陌生感。当然，也不要一见面就打开话匣子。

跟素昧平生者打交道，要想在短时间内和对方一见如故，达到心灵上的共鸣，说好见面的第一句话是一条捷径。

从心理学上来说，人与人之间如果能有共同感兴趣的话题，那么在进行沟通时，就会在思想感情、理想愿望、审美趣味等方面形成一种强烈的心灵感应状态。基于这种心理现象，不但能通过有效话题打破冷场，更能博得对方的好感，拉近彼此之间的距离。

老板近期让理查德负责撰写本年度的行业分析报告，并告诉他说关于这个工作他可以去找技术部的史蒂夫教授协助完成。于是，理查德在完成材料的初期收集工作之后就准备去找史蒂夫教授。这时，同事提醒他说：“史蒂夫教授可是个老顽固，非常不好打交道，不过听说他的儿子痴迷于邮票收藏，他也非常支持儿子的这个爱好，所以你可以以此为切入口。”理查德在得知这一情况之后，刻意去找了一本有趣的动物邮票集作为礼物到教授家里拜访。教授的儿子高兴极了，他甚至把他搜集的所有邮票都拿出来和理查德一起观看。教授也很高兴，在理查德临离开时，他拿了一个本子递给理查德说：“小伙子，谢谢你的邮票，这是你需要的资料，以后还有什么问题可以来找我。”

这就是一个小小社交技巧的神奇功效！理查德巧妙地用一份心仪的小礼物作为无声的开场白，不但顺利完成了工作，还赢得了对方的好感。掌握了这种诀窍，不但是一件快事，而且对工作、学习都大有裨益。特别是在初次见面时，我们要把握机会，用一个好的开场白来给对方留下好印象。常见的开场白有以下几种。

1．恳切的问候

“您好”是我们最常用的问候语，这短短的问候能让对方感到十分温暖。在初次见面时，我们把这一声温暖的问候送给对方，会表现出自身的热情及涵养。

比如，在出差的路上，为了排解路上的无聊时光，你可以主动和周围的人打招呼：“您好，您是出差，还是旅游呢？”或者说：“您好，能不能把您的报纸借我看一下？”因为这简单的一句话，原本陌生的人就可以聊起来。

其实，陌生人之间只要主动、热情地问候、攀谈，努力探寻彼此间交谈的共同点，就能赢得对方的好感，拉近双方之间的距离。

2．清晰的自我介绍

如果对方不了解你是谁，最好先做自我介绍。比如：“您好！我是王刚，长江机械厂的业务员。”自我介绍由招呼语和介绍语组成。介绍语一般包括自己的姓名、单位职务及事由，在介绍时语调要热情友好，充满自信，眼睛要注视对方，含笑致意。自我介绍切忌话多，要注意逻辑和结构，语速要慢一点，注意抑扬顿挫，尤其需要注意的是不能重复。

在听取对方的自我介绍时，也应表现出热情的姿态，要全神贯注地看着对方，而不能一边用耳朵听，一边做其他的事情。在对方介绍完后，应热情欢迎，如伸出手去握住对方的手，用惊喜的语调说："哦，您就是王先生，欢迎欢迎！请坐！"

3. 找出共同感兴趣的话题

自我介绍完毕，给对方留下良好的印象，这仅仅是良好的开始。要谈得有味，谈得投机，谈得融洽，双方必须找到共同感兴趣的话题。有人认为，素昧平生，初次见面，何来共同感兴趣的话题？其实不然，任何两个人，只要彼此留意，就不难发现双方有着这样或那样的"亲""友"关系。这时我们只要利用这层关系，在见面时告诉对方，就能一下子缩短彼此的心灵距离，使对方感到十分亲切。

例如，一位小学教师和一名泥瓦匠，两者似乎没有交集。但是，如果这个泥瓦匠是一位小学生的家长，那么，两者可就如何教育孩子各抒己见，交流看法；如果这个小学教师正要盖房或修房，那么，两者可就如何购买建筑材料、选择修造方案沟通信息、切磋探讨。

又如："您是首都师范大学的毕业生，我曾在首师大进修过4年。说起来，我们还是校友呢！""您来自山东，我出生在山西，两地相隔咫尺，今天相见真是高兴！"类似的方式很容易让人在短时间内产生一见如故的印象。

只要双方留意、试探，就不难发现彼此有对某一问题的相同观点、某一方面共同的兴趣爱好或找到某一类大家关心的事情。有些人在初识者面前感到拘谨难堪，就是因为没有发掘出共同感兴趣的话题。

有效社交从微笑开始

英国诗人雪莱曾说：“微笑，实在是仁爱的象征，快乐的源泉，亲近别人的媒介。有了笑，人类的感情就沟通了。”这话一点也不夸张，微笑的确具有如此神奇的魔力！

世界级钢铁大王安德鲁·卡内基这样评价他的高级助理查尔斯·史考伯：“他的微笑价值百万。”史考伯，这个钢铁知识远不如他手下一名技术工人的高级助理，为什么能够拥有如此高的身价呢？这得益于他的人格、他的魅力、他善于讨人喜欢的能力，这是他之所以成功的秘诀。史考伯说他自己没有什么特别的才能，只不过是了解人性的特点，善于运用赞扬的手段激发人的工作潜能罢了。是的，正是因为他善于沟通，所以才会如此成功。而他的成功，也印证了微笑的确拥有如此巨大的魔力。

善意的笑容是人际交往的润滑剂。笑容是一种令人感觉愉快的面部表情，它可以缩短人与人之间的心理距离，为深入沟通与交往创造温馨、和谐的氛围。

毋庸置疑，每个人在交往中都希望能受到尊重，能被对方友好地对待。而能体现这种友善的态度的，除了交往双方的话语之外，就是通过挂在双方脸上的真诚微笑来体现了。不管是初次见面的人，还是彼此熟悉的人，都想从对方脸上看到这种表情。所以，国家领导人接见外宾时为表达对外宾的尊重和友好，会面带微笑；公司、企业的公关人员面对各方公众时，酒店、旅馆的服务员在接待顾客时，上下班的路上熟人见面时，微笑都表示了对对方的尊重和友好。这种微笑能使对方的自尊心得到极大的满足，也是联络感情的一种方式。相反，表情冷漠、僵硬，传递给对方的就是不尊重、不友好的信息，即使双方勉强交谈下去，气氛也是非常沉闷压抑的，难以取得满意的效果。

戴维·史汀生是美国一家小有名气的公司的总裁，他十分年轻，而且几乎具备了成功男人应该具备的所有优点：他具有绅士风度，待人总是彬彬有礼；他办事干脆利索，从不拖沓；他的嗓音深沉圆润，讲话切中要害；他总是显得雄心勃勃，富有朝气；他对生活的认真与投入是有口皆碑的；他对同事们也很真诚，讲求公平对待，与他深入交往的人都为拥有这样一个好朋友而自豪。

但初次见到他的人却对他少有好感，这令熟知他的人都大为吃惊。为什么呢？仔细观察后才发现，原来他几乎没有笑容。

他深沉严峻的脸上永远只有炯炯的目光、紧闭的双唇和紧咬的牙关，即便在轻松的社交场合中也是如此。他在舞池中的优美舞姿几乎令所有的女士动心，却很少有人同他跳舞。公司的女员工见了他更是畏如虎豹，男员工对他的支持与认同也不是很多。事实上他只是缺少了一样东西，一样足以致命的东西——一副动人的、微笑的面孔。

美国著名成功学家戴尔·卡耐基曾经说过，真诚的微笑，其效用如同神奇的按钮，能立即接通他人友善的感情，因为它在告诉对方："我喜欢你，你使我快乐，我愿意做你的朋友。"同时也是在暗示对方："我认为你也会喜欢我的。"而在上面那个案例中，那位总裁紧闭的嘴唇和紧咬的牙关则向人们传递了这样一条信息："烦着呢！别靠近我！"试想在这样的情况下，谁还愿意同他接近呢？

微笑，是一种宽容、一种接纳，是一种令人愉悦的表情，在与人的交往中能起到非常重要的作用。它可以大大缩短人与人之间的心理距离，迅速增进亲密感。在日常生活中，不管是和相识的、不相识的人在一起，还是去找人帮助自己，或是结识一位新伙伴，一个热情的微笑都会像一缕霞光，给人温暖，使人感到轻松愉快；而冷漠、古板的态度只会让人感到难堪，产生被人拒之千里的隔膜心理。

你只需要做一个小小的微笑表情，就可以收获别人的感情，因此，不要再吝啬你的微笑了。在你把它给予别人之前，它没有什么实用的价值，而当你给予了别人之后却会收到双倍的实效。

“笑开福来”，你的微笑会感染他人，而他人的微笑又会反过来强化你的愉悦和微笑，形成你与他人之间人际关系的良性互动。当上级做下级的思想工作时，上级的微笑既可以化解下属的抵触情绪，又可以鼓励下级说出自己的心里话，这样便能彼此沟通，达到思想交流的目的。微笑又代表了理解和赞许。当怒气冲冲的顾客前来投诉时，服务员的真诚微笑是对顾客心情的理解；当对方向你道歉时，你的微笑则是对对方的谅解。微笑的功效之大，胜过沟通中最好的语言。所以，如果你希望获得好人缘，那就尽情地向别人展露你的微笑吧！

那么，怎样才能自然地微笑呢？

1. 学会微笑

当你遇到别人时，如果心中想：“啊！能看到你真高兴！”把这种心情表现在你脸上，你就会显得满面春风。久而久之，微笑会自然地变成你身体的一部分。

2. 注意场合

微笑也要注意场合，如果在不该笑的场合笑了，不仅达不到搞好人际关系的效果，还会受到别人的冷眼，甚至会引起别人的愤怒。比如，当你看到他人正痛苦时，就不能笑脸相迎。

3. 和大家一起笑

许多人聚在一起时，如果别人的幽默引起大家的共鸣，你绝对不能单独板着脸。大家都笑你却正襟危坐，无疑会破坏整个气氛。讲笑话的人心中会十分不快，认为你有意和他为难，其他的人也会认为你大煞风景。所以，在这种场合应当表现出能欣赏别人的幽默，并和大家一起笑，这是争取友谊或被友好对待的方法。

4. 不要取笑他人

对别人的不幸，特别是他人生理上的缺陷，如斜眼、麻面、跛足、驼背等，你应该给予同情。在与多人进行交谈的过程中，要尽量避免易使人联想到缺陷方面的笑话，也不要取笑他人的过错和失误。在某种特殊的交际氛围中，不如将自己作为取笑的对象，文雅地嘲笑自己，以使整个场面轻松、欢快。

5. 应考虑对象

在交谈中，要注意对方的职业、职务、性别、年龄和社会地位等，此外，还应考虑对方的文化层次及地域、国情，还要记住对方的宗教禁忌，然后有分寸地展现你的微笑和幽默。

拥抱是传达爱最好的方式

拥抱，是一种身体语言，是心灵上的沟通。同时，拥抱还是人与人之间最重要的沟通方式，它能传达爱意，使人得到慰藉，受到鼓舞，获得力量。不管是爱人之间的拥抱还是朋友之间的拥抱，都可能给我们带来安慰和鼓励，除此之外，拥抱还可以给我们带来很多意想不到的好处。

杰奎琳·塞缪尔，现年29岁，拥有美国罗彻斯特大学脑与认知科学学士学位，正在攻读社工专业的研究生学位。她在纽约开设了一家叫“温暖的地方”的心理咨询中心，专门为他人提供搂抱、身体依偎服务，顾客只要换上宽松的衣服，即可和她在小房间里拥抱小睡，每小时收费60美元。

这种服务引发了人们的争议，但杰奎琳表示有科学研究证明，和他人拥有身体上的接触对身心健康有益，一定时间的拥抱更可以舒缓现代人每日感受到的压力，因此决定亲身实践此理论。

美国著名的心理学家赫洛德·傅斯博士说：“拥抱可以消除沮丧——能使体内免疫系统的效能上升；拥抱能为倦怠的躯体注入新能量，使你变得更年轻，更有活力。在家庭中，每天的拥抱能加强成员之间的关系，并且大大减少摩擦。”

医学研究证明，拥抱具有神奇的力量。拥抱时，人体会释放欣快激素催产素（也称拥抱荷尔蒙），能让人感到温馨舒适，而且有益身体健康。催产素也会增强人与人之间的社会联系。

《心理科学》杂志研究发现，拥抱和抚摸有助于缓解生存恐惧。美国北卡罗来纳州立大学一项新研究发现，经常与爱人拥抱有益心脏健康。

在生活中，和孩子在一起时，我们会发现，他们十分需要拥抱，抱住大人是孩子们寻求安全感的最本能的方式。可见，拥抱是人的一种本能需求。

西方人认为，拥抱是人最基本的需求之一，也是最人性的需求之一。拥抱传达出的信息是爱意，这种非语言信息传达出的这层意思能够以最直接和热烈的方式传达给对方，且性别不限。而东方人似乎没有拥抱的习惯，不管是夫妻道别还是家人远行，我们可以给对方许多的叮嘱，却不会在分手的那一刻给对方一个紧紧的拥抱。

其实，拥抱真的是一种很能传递真情的方式。很多人都有过这样的经历：当亲爱的人拍拍自己的肩膀，或者是搂抱一下自己，内心就会感觉非常温暖。因此，当我们的婚姻出现了问题时，你可以试着询问对方："我可以抱你吗？"然后给对方一个拥抱，给彼此的心灵一丝温暖，这个拥抱可以拉近彼此的距离，让双方变得不再陌生。

谁都不否认自己对家人有着一份深深的爱，既然如此，我们为什么不把这一份深爱用一种方式表达出来？比如说给对方一个拥抱，有时候一个拥抱要胜过许多言语。

就这么一个简单的动作，会给我们即将干涸的生活注入一股温泉。拥抱就是具有如此神奇的魔力，可以化解人与人之间的一切不愉快，可以拉近人与人之间的距离，让人深切地感觉到对方的真诚和爱意。拥抱所传达出的情感胜过言语，巧妙地把拥抱运用在合适的场合，将会使沟通水到渠成。

2016年，青岛大学生组织"真情拥抱"的"抱抱团"活动。

"您好，我可以抱抱您吗？"在黄岛区马濠公园，大学生们手里高高地举着写有"一个温暖抱，点亮颗颗心""免费拥抱"等字样的宣传纸牌，不停地向路人微笑示意、张开双臂。

活动开始，面对热情似火的大学生们，在公园里游玩的人有点不知所措，也有不少行人驻足观看。路人看到纸牌标语，主动上前拥抱的很少。经过大学生们的不断讲解，市民也开始热情地张开双臂。慢慢地，老人、年轻人、小孩……参与的人多了起来。

与国人的矜持不同，现场，一位年轻的外国人看到一个学生手里举着的“free hugs”的纸牌时，大步流星地走上前主动和这位学生拥抱。

拥抱传达给对方的爱意，可以是朋友之间的友情，可以是亲人之间的亲情，可以是男女之间的爱情，这么多丰富的感情全部包含在这一个温暖的拥抱里。拥抱，常常可以化解对方心理上的冰霜。但是拥抱在中国是有很大的局限性的，要分场合和具体的人，一般限于比较熟悉的朋友或者亲人之间。如果对方对拥抱持排斥态度，那么你最好还是不要尝试，否则会让双方都比较尴尬。

相拥相亲，实乃人的本性，是一种极其自然的生理和心理需要。既然我们希冀可以从陌生人那里得到爱意，那为何我们不撕下含蓄和羞怯的面纱，习惯于亲人之间的拥抱呢？

你的眼神说出了你的心

眼睛是心灵的窗户，从一个人的眼神里往往能看到他的整个内心世界。我们常常说某个可爱的女孩子的眼睛会说话，其实是说她的眼睛极富感情。实际上，那些内心充实、情感丰富的人的眼睛都是十分动人的。一个公正无私的人，他的心就像一方晴朗的天空，清澈、洁净、透明，他眼神中流露出来的那种公正、公平的力量，能让我们的心变得阳光、灿烂；一个与人为善的人，眼神中透露出的鼓励和肯定，像一股股暖流，滋润着我们的心灵，鼓舞着我们的斗志；一个充满爱心的人，眼神也一定充满爱意，严肃中透露着慈祥，平静中透露着期盼，就像一条汩汩流淌的河流，不断荡涤着我们的心灵。

可以说，眼神是一种在社交中通过视线接触来传递信息的表情语言，人们历来重视眼睛对行为所产生的巨大影响。思想感情的存在和变化都能从眼睛内显示出来。而通过眼神看人的方法很久以前就已经有人在用了，清代的曾国藩就是这方面的高手。

一次，李鸿章准备向曾国藩推荐三个人，正好曾国藩到园子里散步去了。李鸿章就让这三个人在厅外面等着，曾国藩散步回来，李鸿章说明来意，并请曾国藩来考查这三个人。

曾国藩却笑笑说："不必考查了，那个面对厅门站着的，是个忠厚老实的人，办事小心谨慎，可以派他做后勤之类的工作。中间那个人不是一个正直的人，不能让人信任，不能让他担当大事。右边的那位倒是一位将才，可以重用他。”

看到李鸿章疑惑不解的神情，曾国藩继续笑着说：“我刚才散步回来，看见这三个人站在这里。当我从他们身边走过的时候，左边的那个低着头不敢仰视，可见是一个谨慎的人，所以我说他适合做一些后勤方面的工作。中间那个人，表面上看起来恭恭敬敬，但我走过去之后，他就左顾右盼，可见他是个阳奉阴违的人，不可重用。最后的那位，他一直保持着挺拔的站姿，双眼正视前方，不卑不亢，所以我说他是可塑之才。”这个人就是后来担任台湾第一任巡抚的刘铭传。

我们常说，只可意会，不可言传，放在谈话技巧上恰到好处地说明了眼神的作用。在人的五官之中，眼睛是最敏锐也是最不能欺骗人的，一个闪烁的眼神，就能体现人的心理活动。那些世故的人，能抓住你眼神中的点点滴滴的信号。可见，一个形象良好的人，目光是坦然、亲切、和蔼、有神的。

德国弗莱堡大学人际交往专家伊丽莎白·多纳奥指出，在交谈过程中，正确的目光交流方式应该是首先看着对方的眼睛，随后把视线缓慢移到嘴部，过一段时间后再返回到眼部。这样会使对方有机会对你所说的话做出适当的反应，点头、微笑等带有好感的表情就会自然而然地表露出来，并且也会让对方觉得与你进行交谈很惬意。需要注意的是，在交谈中，诸如疲倦、冰冷、呆滞、漠然、轻蔑、惊慌、敌视、左顾右盼的目光都是应该避免的，更不要对人上下打量、挤眉弄眼，这些都是对对方不礼貌的表现。

眼睛是灵魂之窗，是窥探人内心的秘道，若非一流演员，眼神是很难装出来的。在生活中，很多人知道眼神很重要，就故意睁大眼睛，想装得炯炯有神，结果却是眼大无神，空洞无物；有些人故作轻松，皮笑肉不笑，出卖了自己内心的冷漠；有些人日夜颠倒、睡眼惺忪，就算冲了一个凉水澡，梳妆打扮一番，也还是不能掩饰眼里的红血丝……由此可见，关于眼神，我们必须要引起足够的重视。

那么，与人交谈进行眼神交流时要注意哪些问题呢？

1. 注视时间

与一个人交流时，保持眼神交流是很好的事情，但是如果一直盯着别人会使人感到不自在，从而想尽快结束与你的谈话。为了克服这点，就要每隔5秒钟打断一下眼神交流。但不要往下看，这样会暗示对方你想结束这场谈话。可以向上看或者向旁边看，就好像你想起了什么事情。

和不熟的朋友或者是陌生人交谈时，也不能长时间凝视对方，因为那会被认为是一种无礼的表现，这也是全世界范围内通行的礼仪。

2. 注视方向

当你倾听时，先看着对方的一只眼睛，过5秒钟，将视线移向另一只眼睛，再过5秒钟，移向嘴。保持三角形的路线移动，这也是把握住谈话主动权和控制权的重要因素。

当你与一群人交谈时，最好与倾听者有直接的眼神接触。但是不要只盯着一个人看，这样会使得其他人停止听你讲话。为了避免这样，可以尝试在每一段话的开头将眼神朝向不同的人。这样你就会照顾到所有人，并且使他们能保持对你的谈话的兴趣。

在两人沟通时，听者应当在对方说话时看着对方，表示关注；当自己变成说者发表言论的时候，就不宜再迎视对方的目光。当你说完最后一句话时，才应当将目光移到对方的眼睛上，这是在询问对方“你认为我的话对吗”或者暗示对方“现在该轮到你讲了”。

与某人争辩时，你的目光要注视对方，眼神中透着坚定。当对方说话时，也注视对方，与对方的眼神接触，观察他的语调、神色。如果对方想激怒你，你要保持沉默，用眼睛注视对方，这是一种不用说一个字也能赢的有效方法。

透过眼睛我们可以了解外面的人或其他东西，别人也可以通过你的眼神知道你的需求和你真实的想法。因此，千万不要小看了眼神的作用，一个可亲的眼神可以使你不说一句话、不打一个手势就引起人们的注意，拉近彼此的距离，帮你获得一个好人缘。

表情是心灵的显示器

表情是世界通用语，不分国界、不分种族、不分性别，大家通用一套表情。

表情是情绪的外部表现，是由躯体神经系统支配的骨骼肌运动，是感情活动的外显行为。表情反映的实质是人的心理。在许多时候，我们可以通过对脸部具体部位的观察来看透对方。表情是内心活动的写照，透过表象可以窥探心灵的律动，把握情绪变化的尺度，了解感情互动的根源。表情就是传递这种信息的显示器，它可以为我们显示对方的心态、性格与意图。

美国著名的语言学家和心理学家艾伯特·梅瑞宾提出了一个著名的沟通公式：沟通的总效果＝7％的语言＋38％的声音＋55％的表情。由此可见，表情在人际沟通过程中有何等重要的地位。

人类的各种情感都可以非常灵敏地通过面部表情反映出来，显示出当前人物的情绪状态，“喜怒形于色”就是这个意思。在人际沟通中，来自面部表情的信息更容易为人们所理解和察觉，它是人们理解对方情绪状态最有效的一种途径，是非语言沟通中最好的一种方式。

表情能够体现一个人的喜怒哀乐，也是与人心灵沟通的向导，你的每一个表情都能够代表你的思想。表情丰富的人善于与人沟通，但是表情的透露要适当，而不是过于夸张。

表情会因很多因素的不同而有差异，如性别、年龄、文化等。但是，一般来说，单一的表情还是容易判断的，最难判断的是几种表情同时出现在一张脸上。另外，一些外部因素也会给情绪判断带来困难。

表情是情绪的晴雨表，通过表情，可以观察到与我们交谈的人言语之外的反应。眉飞色舞、笑逐颜开，标志着谈话气氛非常融洽；怒目而视、左顾右盼，则说明谈话没有找对路子。

不同性格的人，在同一情绪下的表情可能不同：遇到高兴的事情时，开朗的人可能开怀大笑，腼腆的人则可能仅仅抿嘴笑笑，而一个抑郁的人可能只露出一丝苦笑。

经常面带笑容、面部肌肉自然放松的人，他的心态一般比较稳定、平静、开朗；而经常愁眉苦脸、面部肌肉紧张的人，他的心态往往不太稳定，可能心胸狭窄、脾气暴躁。

由于各种各样的原因，人们在进行言语交谈时并不一定会完全说出自己的真实想法，这样一来，交际的质量就会大打折扣。这时候，表情可以帮助交际的双方正确理解各自的真实意图。因为多数表情是生理性的，可以不受意志支配。

当一个人想隐瞒真相时，他会使有声语言偏离真实的情况。但是，这时候表情可能会背叛他，把被有声语言掩盖的事实揭露出来。比如，有的人在谈论自称是让他快乐的事情时，脸上露着欣慰的笑。但如果他的感受是假的，那么很可能会有一种别的什么表情飞快地掠过他的脸部，或者仅仅体现在他的眼睛里。这种短暂的表情被称为瞬间表情，它虽然是被蓄意隐藏的，但随时会跳出来揭穿他的伪装。

表情是一个人内心的真实写照，透过表情，人们可以感受到对方的态度是热情积极的，还是冷漠消极的。如果对方感觉不到你的信任和尊重，就会觉得受到了伤害，甚至觉得愤怒，很有可能会因此产生一些新的问题。所以，与人沟通时，分清表情所代表的意义还是非常重要的。

1. 害怕

我们在生理或心理上感受到威胁时，就会表现出害怕。此时，很多人眉毛部位的肌肉会收缩，眉毛抬起，下眼睑紧绷，上眼睑抬高，嘴角被拉向两边，嘴巴变长。

2. 幸福

当对方露出幸福的微笑时，我们可以看到对方嘴角上扬，双眼甚至都会眯起来，眼角肌肉会收缩，现出鱼尾纹，有时还会现出下眼袋。

3. 愤怒

当感到自己被侵略、受威胁或沮丧时，我们往往会觉得愤怒，此时前额肌肉收缩，眉头紧锁，眼睑肌肉收缩，嘴唇紧紧地抿在一起，上嘴唇也跟着提高，现出深深的法令纹。

4. 尴尬

当感到尴尬的时候，我们会回避和别人的目光接触。我们往往会把头低下去或者把头偏向一边，双唇紧闭，嘴角微微上翘，表现出一种回避和抗拒的感觉。

5. 骄傲

当一个人处于优势或者支配地位时，往往会表现出骄傲情绪。大多表现为嘴角轻轻扬起，头稍微后倾，这样便使得下巴抬起来，从而给人一种有力量的感觉。

6. 吃惊

当吃惊时，眉毛和上眼睑会高高地抬起，显得眉毛更加弯曲。嘴巴张得很大，在生活中我们也常用“下巴都掉地上了”来形容我们吃惊的状态。

7. 蔑视

当嘲笑别人、怀疑别人的能力或瞧不起别人的时候，我们就会不由自主地把头转向一边，一侧嘴角斜向外拉，上嘴唇拱起，眼睛侧望一边，鼻梁挤上眉头。

8. 厌恶

当表现出厌恶的时候，一般双眼变窄，眯成缝，眉毛向内收紧，鼻梁向上挤，嘴巴张开，也会有吐舌头的情况。

9. 调情

当调情的时候，会露出娇羞的笑容，多会把头转向一边，上下眼睑会变窄，与对方保持目光接触，嘴角上翘，面颊也会微微上扬，由此散发出愉悦的信号。

10. 怜悯

当我们感到同情或怜悯时，眉梢会向下，眉毛末端会向上拱起形成“八”字眉。头多会微微前倾，双唇也会不由自主地抿在一起。

11. 愉悦

当愉悦时，一般头部会向后仰，嘴巴张开，嘴部周围的肌肉都放松了。眼角也能现出鱼尾纹。

12. 感兴趣

当我们对某事物感兴趣时，头部一般会微微前倾，额肌收缩，眉头抬起，嘴角会稍稍上翘。

13. 悲伤

当悲伤时，眉毛多会呈现“八”字眉，额头因被眉头挤压而显出“川”字纹。眼睛大多时候会看向下方，以避免和对方发生目光接触。嘴角向下，嘴巴出现明显下弯的弧线。

14. 羞愧

当羞愧时，多会低头，眼睛低垂，以避免目光接触。

15. 疼痛

当人们感到疼痛时，面部肌肉会缩紧，眼睛多会闭得紧紧的，眉毛下压。嘴巴收紧，下嘴唇抵住上嘴唇，整个嘴巴往上挤向人中处。

16. 喜爱

当表现喜爱时，一般人们的脸上会洋溢着幸福，头多会向一侧倾斜，下眼睑也会绷紧，嘴角翘起。

记住别人的名字

钢铁大王安德鲁·卡内基曾经说过：“一个人的姓名是他自己最熟悉、最甜美、最妙不可言的声音，在交际中最明显、最简单、最重要、最能得到好感的方法，就是记住人家的名字。”

在交际活动中，不难发现绝大多数人是十分看重自己的名字的，他们往往会把名字与友谊联系在一起。比如，多年不见的同学、同乡相会时，如果对方仍记着你的名字，你心里必定非常高兴，彼此间的感情也会因此而更近几分。因为这代表着有人在乎你、重视你，你会很开心，对那人也会产生好感和信任，从而乐于与之交往。

泰国的东方饭店是一家已有110多年历史的大饭店。这么多年来，这家饭店几乎天天客满，不提前1个月预订很难有入住的机会。一个饭店能经营到这种程度，自然有其特殊的经营秘诀。饭店对每一个入住的客人都给予最细致入微的关怀和重视，为客人营造了最舒适、最体贴的环境和氛围，让客人流连忘返。

除了饭店的住宿、餐饮、娱乐等消费的大环境让人倍感舒适和享受以外，具体的服务小环境也是让人倍感温馨和体贴。比如，一位史密斯先生入住了这家饭店，早上起床出门，就会有服务生迎上来说：“早上好，史密斯先生！”不要感到惊讶，因为饭店规定，楼层服务生在头天晚上要背熟每个房间客人的名字，所以他们知道客人的名字并不稀奇。史密斯先生下楼时电梯门一开，等候的服务生就会问：“史密斯先生，用早餐吗？”当史密斯先生走进餐厅，服务生就问：“史密斯先生，要老座位吗？”饭店的电脑里记录了上次史密斯先生坐的座位。菜上来后，如果史密斯先生问服务生问题，服务生每次都会退后一步才回答，以免口水喷到菜上。当史密斯先生离开，甚至在若干年后，还会收到饭店寄来的信：“亲爱的史密斯先生，祝您生日快乐！您已经5年没来了，我们全饭店的人都非常想念您。”

这样的环境和服务，让客人享受到了最舒适的体验，也受到了最大的重视和关怀，因此，只要来过这里的客人，都会愿意再次光顾。这就是泰国东方饭店成功的秘诀——给予客人最大的重视，为其提供最体贴的服务，为其创造最舒适的环境和氛围，从而紧紧地抓住了客人的心。

姓名本来只是一个语言符号，人们之所以看重它，是因为它包含特殊的意义。名字是一个人在这个世界上独一无二的标志，它与本人的尊严、地位、荣誉、心理及其感情紧密联系在一起。甚至可以说，名字就是你，你就是那个名字。记住他人的名字，是对一个人重视和尊重的表现，会给人心理上带来最体贴的安慰。因此，谁都愿意与能够记住自己名字的人交往。这一点在交际中表现得尤为明显。当人们的名字被遗忘、被搞混时，不管有意无意都可能带来不良的影响：轻者令人觉得反感，拉开彼此的距离；重者会影响彼此的感情，破坏人际关系。

拿破仑三世曾自豪地说：“尽管我每天需要接触很多的人，但是我仍然能记住每一个我所遇见的人的名字。”他是怎么做到这一点的呢？事情很简单。如果没听清来人的名字，他就会说：“请原谅，我还没完全听清你的名字。”在谈话期间，他总会热情地叫对方的名字，这样就加强了谈话者的名字同其本人的面部特征和整个外表的关联性，利于记忆。当遇到某些生僻名字的时候，他总会在对方转身或不留意时在纸上写下对方的名字，加强记忆。就这样，他努力通过视觉和听觉记住了更多人的名字。

在人际交往中，记住别人的名字是对他最大的尊重。这样做，一方面是出于礼节和礼貌，表示尊重；另一方面又是珍视友谊的表现。从一定意义上说，记住姓名是一种廉价而有效的感情投资。记住他人的姓名就等于把一份友谊深藏在心里，记忆时间越久，情谊就越深，如同一瓶陈年好酒，越放就越醇。因此，当你能够叫出只见过一次面的人的名字时，对方肯定很开心，从而对你产生好感和信任，并乐于与你交往。

那么，怎样才能牢牢记住别人的名字呢？这里有四条建议大家不妨试一下。

1．用心记忆他人的名字

会见生人前，你要有充分的自信心，要相信自己完全能够记住对方的名字和相貌。如果你没有自信，总抱怨自己记性差，记不住人名，那么就没有了积极性，结果你就真的记不住了。此外，珍视友谊的人在记名字方面会表现出特别强的注意力。据考察，在一般记忆力的基础上，注意力越集中，重视程度越高，就会记得越牢。甚至记忆力较差的人由于重视友谊，对于同他打过交道的人的姓名会特别用心去记，同样能记得十分清晰，多年不忘。

2．加强记忆他人的名字

在谈话期间，留心观察对方，在心里暗自重复一遍他们的名字。在谈话后的休息时间，再花些时间回忆一下刚才与每个人见面的情景，重复他们的名字、拼写、姓氏起源以及发生的有趣的事情，这样你就可以在每个姓名的周围建立起可供以后联想的资料。在会见结束，跟对方道别时，称呼对方的姓名，在分手前再次加强记忆。

3．经常翻翻他人的名片

对于记忆力不太好的人来说，不但要用心去记而且还应动笔记。不管老朋友还是新朋友，在打过交道之后都应把姓名记在小本子上，或者保存好对方的名片，并用建立类似档案的文件，把你会见的人、时间、地点、日期、内容和面貌特征等内容进行登记，有时间就要翻一翻，借此回忆往事，加深印象，这样就可以达到长久记忆他人名字的效果。

4．忘了名字要想办法补救

我们有时会发现某人看起来很眼熟，但就是想不起叫什么名字，那就应该想办法搞清楚。当然，你可以老实地承认："不好意思，我想不起你的名字。"然而，你也可以尝试掩饰你的健忘，说："我当然认识你是谁，但我需要了解你更多的信息。嘿，给我张名片吧。"

与此同时，你要想到别人也可能忘记了你的名字，这时可不要恼火。当你跟某人打招呼的时候，不妨把自己的名字重新介绍一次："嗨，张三，我是×××啊。"注意说自己名字的时候要慢一点，清晰一点，以方便对方记忆。

第二章

会聊天，新朋友一个接着一个来

沟通是人与人之间的双向交流，“说”是自我的表达，“听”是接受对方的过程。听说能力的高低由沟通者的素质决定，沟通素质的高低往往会决定一个人的成功与否。只有掌握了沟通的方法和技巧，你才能成为一个真正有魅力的人。

小测试：你的社交能力如何

你面前有一幅山水画，若要你在画上加一个太阳，你会加在哪里？

A. 山水画的东方　　B. 再画一座山，把太阳画在山峦中

C. 山水画的正当中　　D. 山水画的西方

测试答案

选择A：你有强烈的企图心，对于未来，你怀着乐观的态度，是奋勇向前、不顾一切往前冲的先锋人才。你的决断力与行动力是同行中最好的，只不过有时行事太冲动而欠缺深思熟虑。要记住凡事三思而后行，才不会有太多的后悔！

选择B：当你在画这幅画时，心中想的景象是旭日东升，还是日薄西山？其实会为太阳再画一座山的人，通常个性较为温和且缺乏安全感，但因为个性善良，常能得到他人的帮助。换言之，你身边常常有贵人出现。

选择C：你是不是很自傲呢？对于社交关系，你好像不太及格，对吗？这都是由于你对事情的是非有独特的见解及敏锐的判断，从不委屈自己做你认为不合理的事，因此常给人不通情达理的感觉。虽然世上像你这样拥有一身傲骨的人已濒临绝种，但偶尔同流合污一下也未尝不可！

选择D：你是一个最佳的辅佐人才，有稳扎稳打的基础，是踏实的实力派。虽然你缺乏主导性的性格，然而你总能观察入微、善解人意。由于你细心体贴，因此常能赢得别人对你的信任，而且不论遇到什么挫折，你总能愈挫愈勇，努力克服。

用心倾听是沟通的开始

一个普通人在清醒的时间里，听声音要比其他所有的行为活动所占的时间都长。一项对各种不同职业背景的人进行的调查显示，人们处于清醒状态的70%的时间都用在沟通上。而在沟通的时间里，书写花费的时间占9%，阅读占16%，计算占30%，倾听占45%。其他的调查研究也显示，不同生活领域的人们用于倾听的时间都是很长的。既然每天花费这么多的时间在倾听上，倾听的有效性就显得格外重要了。

但是，在倾听这门课上，许多人却是不及格的。如果我们面对的谈话者没有我们的学识高，我们就会虚与委蛇地听；如果我们面对的谈话者的谈话冗长烦琐，我们就会不客气地打断他的叙述；如果我们面对的谈话者言不及义，我们就会明显地露出厌倦的神色；如果我们面对的谈话者缺少真知灼见，我们会讽刺挖苦、令他难堪……凡此种种，都是不正确的。

西方有一句谚语表达了人们应更多地注重倾听："上帝给了我们两只耳朵，却只给了我们一张嘴巴，其用意就是要我们少说多听。"倾听，是我们取得关于他人的第一手信息、正确认识他人的重要途径，也是我们向他人表示尊重的最好方式。

但在现实生活中，我们往往太急于表达自己的意见，以至于忽略了对方在说什么，从而造成了自说自话的后果。倾听是要站在对方的立场上用心去了解对方的口语和非口语所表达的信息。然后，对听到的、观察到的信息做出适当的判断，让对方知道你在听，也让对方感受到尊重。美国著名记者伊萨克·马克森认为，许多人不能给人留下很好印象的原因，是因为他们不注意听别人讲话。“他们太关心自己要讲的下一句话，而不打开自己的耳朵。而事实上，人们喜欢善听者胜于善说者，但是善听者却少之又少。”

纽约有一位出版商曾邀请卡耐基参加一个晚宴，席间，卡耐基碰到了一位出色的植物学家。因为卡耐基对植物学一无所知，所以他对这个植物学家十分有兴趣，于是静静地坐在他旁边，认真听他介绍许多外来植物和杂交新产品的实验过程。

就这样，在那个晚宴上，卡耐基和植物学家交谈了几个钟头。临近午夜，才依依惜别。临别时，那位植物学家转身向主人说：“今晚因为有这位卡耐基先生，我度过了一个愉快的夜晚，他简直就是这世界上最能鼓舞人的人，当然他更是一位有趣的谈话高手。”

最有趣的谈话高手？这样的评价倒让卡耐基有些摸不着头脑。毕竟，一整晚的时间都是这位植物学家在讲话，卡耐基连插话的机会都没有，而且卡耐基对植物学根本一无所知，因此他唯一能做到的就是认真倾听。那个晚上，卡耐基唯一的一句话就是对植物学家表示真希望自己也能拥有如此丰富的知识，并表示强烈渴望能同他一起到他的实验室参观。而植物学家也正是因为这一点而感到十分高兴。因为，注意倾听正是对讲话者最大的恭维。

这就是植物学家认为卡耐基是个谈话高手的原因。而实际上，卡耐基只不过是个认真的听众，并鼓舞植物学家开口讲话罢了。

专心地听别人讲话，是我们所能给予别人的最大的赞美。杰克·乌弗在《陌生人在爱中》一书里写道：“很少人经得起别人专心听讲所给予的暗示性赞美。”用心倾听是我们获得他人的信任和好感的最有效方法。

有个女孩的男友生病住院了，有一天说想喝鸡汤。男友终于想吃东西了，女孩非常高兴，于是马上回去炖了一锅鸡汤，炖好后送到病房里。打开饭盒后，鸡汤还是烫的，男友吃得很高兴。刚吃完，主治医生推门进来，笑笑说："好香啊，让我想起饭馆了。"这位女孩一下子听出了主治医生的话外音，赶紧一边跟他打招呼，一边把窗子打开来透风。她的做法令主治医生非常满意。最后主治医生竟然在病房和女孩聊了很久，不仅聊了她男友的病情，还夸奖她聪明。

这个女孩是聪明的，主治医生一句"让我想起饭馆了"可以理解成"都成饭馆了"，为什么会让主治医生"想起了饭馆"呢？因为病房里充满了鸡汤的味道，主治医生通过这句话委婉地告诉病人家属，病房的味道与病房的环境不相符。这名主治医生是聪明的，如果直白表达会伤到对方，而采用委婉的方式，若对方能够明白最好不过，即使不能听懂也不会伤到对方。当然，作为听者，就不得不慎重地揣摩对方的话了，如果没有听懂或者理解有误，可能还会以为对方说的是客套话，反而邀请对方一起吃，这样就会被对方嘲笑了。

可见，倾听是如此重要。某人在特定的时刻讲了特定的话，我们只注意倾听，才能听出他的话中真意。当然，在此我们要注意区分听与倾听。约翰·德拉夫特教授认为，"听这个单词，是用来形容一个物理感觉的过程的，通过耳朵接收外界的声音并将信息传递给大脑。而倾听，则是一种更为复杂的心理过程，是对听觉过程重要性的解释和领悟"。用另外一句话说就是："我在听某人说话，但我并没有用心去听。"

诸如，在生活中许多人最容易犯这样的毛病：他明白所有倾听的要素，也懂得做出倾听的姿态，但是他在想着自己待会要说的话。他关注的不是述说者，而是他自己。要知道，佯听是很容易露馅的，只要一开口讲话，神游天外的破绽就败露了，于是就出现了自说自话的尴尬。这样反而给人不真诚、虚伪、不尊重对方的感觉。

因此，用心倾听一定要做到以下几点。

1．创造利于倾听的环境

要对自己比较敏感，能相应地回忆自己过去的经历，那时是怎么体现自己的特殊感情的，这样才能理解对方表达的内容中所包含的情感意义；对对方提供的各种信息保持充分的兴趣与敏感性，但要把自己的反应同对方的反应分开，不急于对对方的话下判断或做推论，要保持一种洞察力，从中理解对方表露的真实自我。

做到了以上两点，就能向对方表明自己是一个真诚专注的倾听者。

2．一定要保持目光接触

要保持一种开放、专注的神态。想想看，如果一个人在跟你谈话时总是目光闪烁，不敢正眼看你，你还会相信这个人吗？

3．根据谈话对象提供的答案来提问

如果哪些地方没听清或没理解，可以通过提问要求对方最好能重复或深入解释一下，这也表明你正在认真地倾听。譬如，你问对方工作当中最重要的事情是什么，结果对方大谈“只要能给我更多人手，我一定能把工作做得更好”之类的话，这时你可以把话题转移到你想提的问题上，并引导他说出工作当中需要改进的地方。

4．让谈话按照对方的意愿展开

通过倾听我们可以帮助对方完善他的想法，因此，不应去打断对方的谈话或人为地转移话题。即使想表达自己的某种看法，也应当是借用对方的话做一些引申，如“就像你刚才说的……”“正如你所指出的那样”等。这一方面表明你重视并记住了他的话；另一方面也使对方感到你是在做一种补充说明，说明你不仅在听，而且在思考。

幽默措辞让沟通更出彩

对于什么是幽默，似乎人人都懂；但要确切地给它下个定义，又不太容易。《辞海》这样解释“幽默”：“美学名词。通过影射、讽喻、双关等修辞手法，在善意的微笑中，揭露生活的乖讹和不通情理之处。”不难发现，幽默传达了善意、和睦的信号，并承担了谈笑间力挽狂澜、诙谐中化解尴尬的使命，因此，让当事人给外界留下了有魅力、有品位、有智慧的深刻印象。

在中文里，“幽默”一词最早是由林语堂将英文的“humour”翻译而来的。从字面上看，幽默的表达形式是含蓄、默契的，离不开特定民族深厚的文化积淀，包括历史典故、社会习俗、时代背景等。无论是幽默的制造者，还是幽默的接受者，如果生性浅薄、浮躁或思维迟钝、心胸狭隘，那么多半与幽默无缘。幽默，注定与才华出众、心灵阳光的人相生相伴，集中表现为幽默的谈吐。

法国大文豪巴尔扎克曾经说过：“幽默能给你完全而压倒一切的胜利。”口才绝佳的一个重要标志是幽默风趣，无论在日常生活中，还是在重大社交场合，幽默的谈吐总能瞬间令人屏气凝神、驻足倾听。它可以让剑拔弩张的氛围变得轻松愉快，可以让逆耳的忠言变得动听受用，更让紧张的谈话者得到放松，感受到人性的美好。显然，借用幽默的表达方式，人与人之间的交流可以变得和谐而美好，许多难办的事情也容易轻松搞定。

幽默是人类独有的特质。一个善于说笑的人，常给朋友带来无比的欢乐，并且能在与人交往中增加魅力，备受欢迎。

丘吉尔是个很有幽默感的人。有一次，著名作家萧伯纳的戏剧要在剧院上演，萧伯纳给丘吉尔寄了两张门票，并附上一张字条说：“请带上一个朋友来看新剧的首场演出，如果你有一个朋友的话！”对于萧伯纳的嘲讽，丘吉尔并没有生气，他也给萧伯纳回了封信：“现在太忙，不能去看首场演出，请给我第二场的门票，如果有第二场的话。”

丘吉尔是英国历史上最受人们爱戴的首相之一，这当然是由于他的丰功伟绩，但恐怕和他平易近人的幽默性格也有很大的关系。幽默是一种人生态度、是一种交际的技巧，幽默能提升你的个人魅力，让你成为一个广受欢迎的人。

和谐美好的人生、愉快融洽的沟通氛围是我们追求的目标。然而，事情往往不会按照我们想的那样发展，生活并不一定能给予我们公正的回报。遇到这种情形，有些人会耿耿于怀，使紧张的气氛一触即发；而另一些人则会泰然处之，以幽默去消除敌意。

百货公司大拍卖，购货的人又推又挤，每个人的脾气都犹如枪弹上膛，一触即发。有一位女士愤愤地对结账小姐说：“幸好我没打算在你们这儿找‘礼貌’，在这儿根本找不到。”结账小姐沉默了一会儿，说：“您可不可以让我看看您的样品？”那位女士愣了片刻，笑了。

马克·吐温说：“幽默是真理的轻松面。”的确，幽默不是“正面的说理”，而是“侧面的笑谈”，使人在哈哈一笑之时，能参透、了解人生的哲理。

美国作家普里兹文曾经说过：“生活中没有哲学还可以应付过去，但是没有幽默则只有愚蠢的人才能生存。”幽默，是沟通过程中的润滑剂，可以拉近人与人之间的情感距离。这轻松一笑表明了沟通双方已经有了共同的认识、理解，这就迈出了社交中的第一步，也是非常重要的一步。

事实上，幽默是建立在知识储备和生活经验之上的语言艺术，在带来欢笑的同时有助于达到某种沟通目的。在特定的环境中，它不仅能活跃氛围、愉悦他人，更能让人们在轻松过后接收到某种信息、领悟到某种道理。在关键时刻凭借幽默谈吐排遣尴尬、化解危机、扭转局面的人，最能展示自己口才出众、富有人格魅力的一面。

既然幽默可以让沟通如此出彩，具有如此巨大的魅力，那么我们应当怎样做，才能达到这一境界呢？下面就介绍一些幽默的技巧。

1. 幽默必须真实而自然

我们经常看到和听到一些政治家们的幽默言行。他们大多把幽默的力量运用得十分自如，且真实而自然。没有耸人听闻，也不哗众取宠，更不是做戏。这是因为，他们都知道太精于说妙语和笑话，对个人的形象并无帮助。

2. 幽默要高雅

在生活中，有不少人在开玩笑时往往把握不住分寸，结果弄得大家不欢而散，影响了彼此的感情。真正的幽默是一种高雅的艺术，并不是任何语言都能表现的。

3. 敢于自嘲

海利·福斯第说："笑的金科玉律是，不论你想笑别人什么，先笑你自己。"笑自己的观念、遭遇、缺点乃至失误，有时候还要笑笑自己的狼狈处境。许多著名人物，特别是演员，都以取笑自己来促成双方完满的沟通，人们没有理由不喜欢这样的人。

4. 不要随意幽默

幽默也并不是随时随地都可以运用的，应在某些特定的场合和条件下运用幽默。例如，在一个正式的会议上，当别人发言时，你突然冒出一两句逗人的话，也许大家都被你的幽默逗笑了，但发言的那个人肯定认为你不尊重他，对他的发言不感兴趣。如果当时的条件并不成熟，你却要尽力表现出幽默，其结果必定是勉为其难。

善意交谈是友谊的开始

在医院我们经常可以看到这样的情景：门诊室外排着长长的队伍，好不容易排到的患者坐到医生对面，医生仅仅简单几句询问，甚至头都没抬就开出了处方——这不能不让患者感到怀疑和抱怨。

但医生也常常有一肚子的委屈："这么多病人，都快忙死了，多看他一眼能当饭吃吗？能治好病吗？"不可否认，医生确实很忙，但是因为忙碌而忽略沟通、忽视对人的关心也是不可取的。如果每个医生在面对病人的时候，善意地跟患者打个招呼，相信患者的感受会完全不同。比如，医生接过患者递过来的病历，只需扫一眼就可以得知患者的姓名、上次的检查时间等信息，就能以如下方式打破局面，开始实际意义上的沟通："您好，老黄是吧，最近一个月身体怎么样？"就这样简单的一句问候，在患者听来，隐含之意却是"医生还记得我呢，他是关心我的"，信任感也会油然而生。

美国纽约市凤凰人际关系协会的专家学者哈利·N.赫歇尔先生曾说过，在日常生活中，他觉得最感兴趣，也最有意义的一件事就是跟别人交谈。为此，他细述道："常常有人来向我请教，问我如何与在吃午餐时碰到的，或是在旅馆门口及旅行车上遇到的人说话。我对他们说，在双方互通一些例行的客套话之后，可以客气地问对方：'请恕冒昧，可以问您从事哪一种职业吗？'如果对方乐意回答，便可以进一步地问他：'可以告诉我，究竟是什么原因促使您从事那种职业呢？'关于这个问题，十有八九的人都会回答：'唉！说来话长……’这么一来，我们不就很自然地成为他的听众了吗？而对方因为有人听他讲话，自然会侃侃而谈了。”

美国成功学大师戴尔·卡耐基曾经说过：“一个人要是对别人真心感兴趣，在两个月内，他所得到的朋友，就能比一个总是要求别人对他感兴趣的人在两年内所交的朋友还要多。”

在现实生活中，很多年轻人在与人相处时，总是希望能够建立一种融洽和谐的关系。为此，他们在人际关系上下了一番苦功夫，但是最终收效甚微。甚至有些人甘愿对别人谄媚逢迎，搔首弄姿，目的就是为了获得对方的注意，但是结果只是徒费力气。确实，面对这样的虚情假意，又有多少人会在意呢？如果我们只是为了引起对方的注意，想给别人留下一点印象而去与人交往，那绝对交不到真心朋友。

人的生命是具有社会性的，人们喜好交往，追求友情是人的天性。我们生活中的每时每刻都离不开社交，而语言又是社交的最好形式。因此，通过语言可以表达我们的善意，可以激发对方的好感。当你说话时，如果能使对方感兴趣，就表示你已经很巧妙地吸引了对方。

美国前总统罗斯福就深知表达善意、真诚地关心他人会产生巨大的效应。在塔夫脱总统任职期间，有一天罗斯福来到白宫。恰巧那天总统和总统夫人都外出了，接待罗斯福的是一个厨房的老仆人，罗斯福热情地和他打招呼，甚至还来到了厨房，热情地叫着每一个老仆人的名字，和他们热情地打招呼，连洗盘子的女仆也不例外。就这样，罗斯福真实地流露出关切他人的情感。

随后，罗斯福和在厨房里烘焙玉米面包的艾莉丝闲聊起来。艾莉丝说，她有时会准备一些面包给仆人吃，但塔夫脱总统并不喜欢吃。罗斯福大声说：“他真是没口福，我见到总统一定要向他推荐。”艾莉丝递过来一块面包，罗斯福拿起来边走边吃，并且一路和周围的人打着招呼。在白宫工作了四十多年的老仆人约翰逊含着热泪说道：“这是我这么多年来最快乐的日子。”

人类最深切的秉性，是被人赏识的渴望。那些能够真正表达关心的人，总能赢得他人的注意，也能得到他人的帮助，一旦寻求帮助，别人即使在最忙碌的时刻也不会袖手旁观。真正关心别人，不仅会让你交到真诚的朋友，也能为你的事业推波助澜。

事实上，在生活中，每天在汽车上、电梯内，或在行走中，当我们开口与擦肩而过的人们谈话时，也就是友谊的开始。仅仅一面之交，就能与对方成为亲密朋友的最好方法，是跟对方进行善意的交谈。我们都知道，一个人最愿意谈论，也最关心的话题，莫过于他个人的一切事情。只要你肯花一点时间，让对方畅所欲言地叙述他自己的事情，那么，他就有可能成为你的莫逆之交。

譬如，如果有人听你阐述你的人生观，或向你请教专业的问题，你就会对他表示好感。你也可以以问答的方式诱导对方谈论有关他个人的生活习惯、经验、愿望、兴趣等问题，对方如果对你的问题有兴趣，自然乐意叙述自己的一切，而你不就成为他的听众了吗？对方会因为你那关怀备至的态度而开怀畅谈，甚至会因此而对你表示出崇敬之意。

或者，你若想深入地了解某一个人，不妨以目前的经济情况，或他所驾驶的汽车的性能、现在的交通状况、高速公路的路况等问题来和他交谈。换言之，也就是让对方开口谈论他所关心的话题，而你的责任就是负责提出这一类的问题。

此外，善意的表达也不见得就是用语言，有时学会倾听，或是不经意的一个动作、一个关心行为，都传递着你的同理心。相信基于善意与互相信任，沟通一定会更顺畅的。

快速提高逻辑表达能力

有效社交的关键在于有效沟通，在于精准地发现对方究竟想从你这儿得到哪些信息，对方的哪些信息是你必须牢记在心的。

11世纪时，罗马天主教会在法国有一派僧侣，专注苦修冥想，是圣布鲁诺创立的，他的基本修行方法是不说话，终年累月不说话。要到每年最后一个夜晚6点钟以后，禁令才会被临时取消，特准交谈，但当夜里12点的钟声敲响时，就算是有一句话尚未说完，也不能再作声，只能等到来年开禁的时候，两人才能继续谈话，他们的第一句话往往是“我们上次谈到……”一年说一次话，其间准备的时光不少，相信谈话一定言简意赅，废话一定不多。

现代社会是一个追求效率的社会，人们的生活节奏提高了，对于效率的要求也越来越高。在沟通中也是如此，没有人愿意花费很多的时间听你的长篇大论。所以，想要在沟通中取得良好的效果，你需要动脑子想怎么样在尽可能短的时间内把自己的意思表达清楚，在别人还没有失去耐心前，你要想办法使对方接受你的想法，并能给你积极的反馈。

2003年，时任美国国防部部长唐纳德·拉姆斯菲尔德获得了美国推广简洁英语运动组织向他颁发的年度不知所云奖。因为他曾经在一次记者招待会上谈到伊拉克是否有大规模杀伤性武器时，说了一段流传很广的“名言”：“我一向对尚未发生的事情的有关报道感兴趣，因为就像我们都知道的那样，有一些众所周知的事情；我们知道一些我们知道的事情，我们不知道很明显未知的事情；那就是说，我们知道有些事情我们不知道。但也没有人知道未知的事情——也就是我们不知道的未知的事情。”

这位部长的啰唆功夫可是非常厉害的，我们根本就不知道他在说些什么。如果不希望在人际沟通中把对方弄得七窍生烟，我们就应该用最简洁最直接的方式告诉对方。沟通的目的是为了分享彼此的信息，因此将信息有效直接地传达出去才是我们的最终目的。微软中国研究院前院长李开复说过：“有了客观的意见，你就应该直截了当地表达。不要做任何事情都像打太极拳，会让人不知所云，也会造成很多误会。”在《烛之武退秦师》中，烛之武的表达可谓言简意赅的典范。用白话文翻译如下。

烛之武见到秦伯说：“秦、晋两国围攻郑国，郑国已经知道要灭亡了。越过邻国把远方的郑国作为秦国的东部边邑，您知道这是困难的，您为什么要灭掉郑国而给邻邦晋国增加土地呢？邻国的实力雄厚了，秦国的实力也就相对削弱了。如果您放弃围攻郑国而把它当作东方道路上接待过客的主人，出使的人来来往往，郑国可以随时提供他们缺少的东西，对您也没有什么害处。而且您曾经给予晋惠公恩惠，惠公曾经答应给您焦、瑕两座城池。然而惠公早上渡过黄河回国，晚上就修筑防御工事，这您是知道的。晋国，怎么会满足呢？”秦伯非常同意烛之武的观点，就与郑国签订了盟约，撤军了。

烛之武凭借三寸不烂之舌说服秦军退兵，就是得益于他的演说精短而清晰，说得有理有据，让人找不到不能信服的理由。

爱因斯坦说过：“成功=努力工作+懂得休息+少说废话。”要让别人接纳并信服，就不能故弄玄虚，而要让别人非常容易就明白。

美国政治家柏筹安说过：“如果你自己还没明白那个问题，你绝对无法使人家明白那个问题；反之，你对这个问题越是认识得清楚，你把这问题传达到对方的心里也越是容易。”所以，要表达清楚你的意思的最好方法，就是先让自己弄懂你想要解释的问题。

托尔斯泰说过：“人的智慧越是深奥，其表达想法的语言就越简单。”只有那些自信心不足的人，在说话之前才喜欢解释一番，然后再表达自己的观点。结果常常让人烦不胜烦，反而使沟通走向负效益。这种拐弯抹角的交流方式，对于人际沟通来说显然是失败的。

与陌生异性巧搭讪

搭讪是一个技术活，并不是所有的搭讪都能成功，要根据对方的实际情况去做。一味地用一种方式去搭讪，只会让自己头破血流。

小宋有一次到外地公司催款，到了对方公司之后，他发现办公室里催款的人很多，那个应对的年轻女出纳忙个不停，似乎有点烦躁不安了。小宋见此情景，决定赞扬一下她，让她忘掉现在的坏心情。终于轮到小宋办事了，他来到年轻女出纳面前先是微笑了一下，然后称赞说："你的字写得真不错，像我们这样的年轻人，能写这样一手好字，确实不多见。"女出纳吃惊地抬起头，有些羞怯地说："哪里，哪里，还差得远呢。"小宋说："真的很好，你应该是练过字帖吧。"女出纳说："是的。""我的字写得一塌糊涂，能把你用过的字帖借给我练练字吗？"女出纳爽快地答应了，并约好下午到办公室来取。经过一段时间的接触，两个人成了好朋友。

交流都是从陌生人开始的，从陌生到熟悉是有一个过程的，在这个过程中我们该找什么话题交流就成为一个问题。当我们想跟陌生人聊天时，怎么去寻找话题才不至于尴尬，不会产生聊不下去的感觉呢？有了话题交流后，又如何吸引对方呢？

事实上，两个人的交流是两种思想的交流，共同的兴趣爱好及经历的交集越多，两个人的联系就会建立得越迅速、越扎实。与素不相识的异性搭讪需要注意以下几方面的问题。

1. 克服恐惧心理

如果没有一个良好的心态作为支撑和前提，做任何事情都会事倍功半。反之，心态好，自信心足，就会有强大的抗挫折承受力，甚至是遇强则强，越挫越勇。

克服恐惧心理，这是很多心态差的人的首要问题，为什么这么说呢？你觉得没话说的时候，脑子里要么一片空白，要么纠结了半天才挤出一两句话，还担心说了对方没有反应，或是担心说错了，对方会对你产生不良反馈，可你越这样想，你就越害怕。

其实，你大可不必这样想，毕竟生活中除了有孤僻症的人，通常来说，每个人都喜欢和别人接近。有些人看起来高傲，甚至冷若冰霜，似乎难以接近，实际上这类人内心的孤独感更强，如果你能勇敢地跨出交往的第一步，相信一定会换得对方的积极反应。因此，你不必顾虑，要勇敢地跨出去。

2. 寻找能让对方产生共鸣的话题

所谓“物以类聚，人以群分”，每个人的社交圈，实际上都是以自己为圆点，以共同点（年龄、爱好、经历、知识层次等）为半径构成的无数同心圆。共同点越多，圆与圆之间交叉的面积越大，共同语言越多，也越容易引起对方的共鸣。例如在聊到家庭的时候，可以说：“我的父亲脾气非常倔强，你的父亲呢？”这样聊天会让人觉得很愉快。如果聊天时一味谈论自己的事情，是会让人感到厌烦的。不论聊什么，请不要忘记和对方联系起来。

3. 多谈对方关心的事情

无论是刚刚接触的陌生人，还是已经很熟悉的朋友，都可以多谈谈对方关心和得意的事，这样很容易就能赢得对方的好感和认同。在聊天的过程中，切不可大肆吹嘘自己，这只会令对方反感。每个人都非常重视自己，都喜欢谈论自己，都希望别人重视自己、关心自己，这是人类最普遍的心理现象。如果你听到某人说出了自己的得意之事，或由你说出了谁的得意之事，这个人肯定会对你大有好感，必定会成为你的好朋友。

4. 要有幽默感

与陌生的异性交谈，不能一本正经、态度严肃，要有幽默感。幽默是人际关系的润滑剂，是聪明人智慧的结晶。

有这样一则故事：

在拥挤的公共汽车上，一个小伙子不慎踩了别人的脚，回头一看，原来是位漂亮姑娘，姑娘满脸怒气，小伙子忙说："对不起，对不起，我不是故意的。"接着他伸出一只脚，一脸认真地说："要不，你也踩我一下。"姑娘一下子被这句话逗乐了。

小伙子再次趁机搭讪，姑娘就很乐意地和他交谈下去。小伙子的活泼和幽默给姑娘留下了很深的印象，这为以后的交往打下了良好的基础。

5. 保持神秘感

世界上的任何事情，只要是你不了解的就会给你一种神秘感。而神秘感就是一种吸引力，吸引着你去探索和发现它的秘密。人们都喜欢有挑战性的人，因为看得见却猜不透的神秘感最能吊起人们的胃口，让对方对你保持浓厚的兴趣。当然，保持神秘感要有度，必要的程度即可，如果不加控制地大玩神秘，那就不是什么神秘感，而成神经病了。

6. 不要自我感觉太良好

别把自己看得太重，要知道比你优秀的人有很多，过分看重自己，只会让自己迷失方向，然后从高处跌落。养成谦虚、谨慎的品格，用低调的言行待人处事，才能赢得大家的尊重。否则，处处显示自己的优越感，高高在上，这是令人讨厌的。即使你取得了巨大的成功，但如果一味地自吹自擂，也只会令人敬而远之。一般而言，人们对那些经历坎坷、屡遭不幸而最终出人头地的人容易产生同情、亲密和佩服。因此，政治家或歌星为了提高知名度和赢得支持，往往再三渲染自己为取得成功付出的巨大努力或童年的不幸遭遇。这实际上是十分明智的一种交际技巧，借用心理学上所谓的通感现象来赢得别人的心。

发现对方的兴趣所在，更易获得支持

风靡世界的魔术大师华哲斯顿从小因为家庭贫困，没有受过一天正式的教育。但他在40多年的时间里，先后为世界各地6000多万名观众演出，获得了巨大的成功，被公认是魔术师之王。当人们问起他成功的秘诀时，华哲斯顿说，其实他的魔术手法跟其他魔术师并没有太大的区别，只不过他能在舞台上把自己的个性显示出来。此外，他还了解人类的天性——喜欢别人对自己感兴趣。看着提问人一脸疑惑的样子，华哲斯顿说："许多魔术师会看着观众对自己说：'瞧，台下一群傻子，略施小技就可以把他们骗得晕头转向。'而我上台前总对自己这么说：'我很感激这么多人来看我的表演，是他们给我提供了一种我所喜欢的生活。我要用最大的热情和最高明的手法来满足他们的期望。'"这就是有史以来最受观众欢迎的魔术师的成功秘诀。

好奇心，是人们普遍存在的一种行为动机，抓住这一点，就可以让你在最短的时间内接近对方。在谈话中，没有人会对自己不感兴趣的话题投入过多的热情，甚至会置之不理；而遇到自己感兴趣的话题时，往往能情绪昂扬地参与其中。

因此，我们在与他人进行谈话时，不妨抓住这种心理，先去了解对方的兴趣所在，然后再谈论对方感兴趣的话题。两个人之间总会存在一些共同点，比如说到美食、旅游等话题，对方往往会感受到你的善意、关心，自然而然地就会对你产生好感，从而实现更深一步的交流。

亨利·杜维诺先生是一家面包店的老板，他一直想和纽约一家酒店达成合作，向他们供应日常需要的面包。半年来，杜维诺先生每周都会去拜访这家酒店的经理，但总是被前台挡回来，从来没有见到过经理本人。

于是，杜维诺先生开始改变策略，他首先着手调查了这位经理的兴趣所在。他发现这位经理参加了一个由全美酒店业高级行政人员组成的全美酒店公会，并且是该公会的一名副会长，每次召开大会的时候，无论身处何方，他一定会赶来参加。

杜维诺先生打听到这个公会下次开会的时间，终于见到了这位经理。但杜维诺先生并没有谈及生意，而是谈论关于酒店公会的事。结果，对方的反应着实让人吃惊，他就这个话题滔滔不绝地讲了半个多小时，显得异常兴高采烈。杜维诺先生已经明显看出，那个公会是他的兴趣所在，也是他生活中不可分割的一部分。就这样，在分开时，这位经理甚至还有点意犹未尽的样子……

转眼过了几天，酒店的经理主动打电话给杜维诺先生，让他把样品和价目表带过去。最后，这单看似根本就不可能成交的生意总算被杜维诺先生拿下来了。

杜维诺先生想拿下订单却无从下手，如果不是发现了那位经理的兴趣所在，恐怕还要继续纠结下去。如果想让人喜欢你，首先要弄清楚对方的兴趣所在，并在沟通中主动谈论这些话题。找准话题，就会与对方产生共鸣，建立起牢固的感情桥梁，这是深刻了解他人并与其愉快相处的交往策略。

谈论他人最感兴趣的事情，可以说是与人沟通的诀窍。心理学家的研究表明，每个人一生中都在寻找一种感觉，一种重要感。如果你能安静地听对方讲话，又能时不时地问一些对方感兴趣的话题，别人就会对你兴趣大增，因为人们总是喜欢谈论自己喜欢的话题。

奥地利著名心理学家亚佛·亚德勒在其著作《人生对你的意识》中有这样一句话："对别人不感兴趣的人，他一生中的困难最多，对别人的伤害也最大。所有人类的失败，都出自这类人。"我们要获得别人的支持，就必须先去替别人着想，给别人提供自己力所能及的支持，至少要做出关心别人的举动。

从心理学的角度来说，沟通的语言就是不断地翻译——你倾听对方所说的，翻译成他人所想的，双方由此在沟通中建立了关系。想要交朋友，就要用你的热情去应对他们。接触对方内心思想的妙方就是谈论他们最感兴趣的事情。如果你只想让别人注意自己，让别人对你感兴趣，那就永远无法交到朋友。

克服恐惧心理展现你的自信魅力

在人际交往这件事上，每个人都有自己的优势和劣势。没有人能在任何时候都口吐莲花，而且几乎大多数人都存在某种程度上的社交恐惧症。

爱默生说："恐惧较之世上任何事物更能击溃人类。"这一观点可谓击中了人类的要害。也正因为如此，只有消除恐惧和自卑感，我们才能勇敢向前走。为了做到这一点，最好的方法就是在公共场合练习说话。只要你能坚持下去，不仅能克服不安的心理，还有助于你重建自信，消除自卑情绪，在人际交往中彻底告别羞怯与恐惧心理。

其实，害怕当众讲话是一件很正常的事情，关键是要迎难而上，通过练习消除恐惧心理。因害怕当众讲话而选择逃避，像懦夫一样无所作为，那才是不可原谅的。

音乐家帕德列夫斯基每次坐到钢琴前，总是紧张地摸弄着袖口。可是，一旦他开始弹奏，所有的恐惧便会瞬间消失得无影无踪。可见，克服恐惧的关键在于能够撑下去，坚持不久之后，紧张、焦虑都会一扫而光。事实上，当众讲话的恐惧感大多存在于最初时刻，只要过了开始那个时段，你就能完全控制住自己，从而能自信、欢快地让演讲继续下去。

其实，一定程度的恐惧感对人们练习当众讲话是有益的，因为人类天生就有一种应付不寻常的挑战的能力。在面对压力和困难的时候，人往往会爆发出超出自己想象的能量，这显然是一种向上的动力。

在卡耐基的一期演讲训练班的毕业聚会上，一个毕业生当着全场两百多人的面对卡耐基说："卡耐基先生，五年前，我来到您举办示范表演的一家饭店门口，当时就停下了脚步。我知道，只要走进房间，参加您的课程，肯定要进行演讲训练。我把手按在门框上，却害怕走进去，最后只好转身走出了饭店。当时，如果知道您能教人轻而易举地克服恐惧——那种面对听众会瘫软的恐惧，我就不会白白错过五年的宝贵时光了。"

这个昔日害怕演讲的人已经完全克服了恐惧心理。不难想象，借助现在具备的表达能力和信心，他处理行政事务、日常管理事宜的技巧会大幅提升。就像他说的那样，如果在五年或十年之前便已战胜恐惧，那么他肯定会比目前的状况更好，会享受更多的成功和快乐。

心理学家经研究发现，人们之所以害怕当众讲话，主要是因为不习惯这种状态。罗宾生教授曾说："恐惧皆衍生于无知与不确定。"这一点说得十分贴切，许多人一听到当众讲话就害怕——他们不了解怎样完成一场成功的当众演讲，更不知道在演讲的过程中会出现什么情况，因此难免陷入焦虑，进而产生害羞和恐惧心理。

有些人的反应甚至更为剧烈。他们还没有开始讲话就出现心跳急剧加速、呼吸急促、出冷汗，甚至身体发抖等状况，这势必会让当事人陷入糟糕的状态，对接下来的沟通造成不良影响。

一旦出现过度紧张的情况，就要进行及时的积极的心理暗示，同时深呼吸，告诉自己公开说话没有什么大不了。此外，也可以借助其他事物适当地转移注意力，这样有助于克服内心的恐惧，消除焦虑情绪，从而避免因过度紧张而在接下来的谈话中犯错。

请坚信，当众讲话恐惧症是可以克服的，只要你多加练习，它就会降到可以控制的程度。而后，这种压力就不会再成为你当众讲话的阻力，反而会成为促使你出色演讲的助力。慢慢地你会发现，经过刻苦练习，当众讲话竟然会从一种尴尬的痛苦变成一种美妙的享受。

在日常生活中，我们也要好好把握，不放过任何一次可以当众讲话的机会。例如，在某些聚会或者集体活动的时候，不要只是做一个默默无闻的旁观者，而要努力让自己成为众人眼中的焦点，让所有人倾听你的发言，尽可能地利用每个机会练习口才，这样总会迎来令人惊喜的改变。

如果你知道自己需要完成一场当众讲话，那么就要提前半个小时进行演讲的练习，让身边的人倾听你的演讲，并提出中肯的建议。

无疑，事先的准备越充分，当众讲话就越显得从容不迫。实际上，很多紧张都来自担心没准备好，从而导致信心不足。作为一个演讲者，丹尼尔·韦伯斯特曾经十分坦然地表示："我如果不做好准备就出现在听众面前，那么就如同没有穿衣服一样尴尬。"所以不管公开讲话的时间长短，也不论是什么内容，一定要做好准备工作，并进行演练。准备充分了，你就如同吃下了一颗定心丸，紧张和恐惧也会消失不见，取而代之的则是充满自信的个人魅力。

第三章

说话有逻辑，在任何地方说服任何人

人类最大的优势在于识别差异的能力，人类最大的劣势在于拒绝差异的偏狭。如果你想说服他人，应该先从真诚地欣赏与称赞对方开始，并想办法弥合你们的分歧，从而在心理鸿沟之间搭建一架天梯。

小测试：你的逻辑思维能力如何

三名传教士和三个野蛮人同在一个小河渡口，渡口上只有一条可容俩人的小船。问题的目标是要用这条小船把这六个人全部渡到对岸去，条件是在渡河的过程中，河两岸随时都保持传教士的人数不少于野蛮人的人数，否则野蛮人会把处于少数的传教士吃掉。这六个人怎样才能安全渡过去？

测试答案

1．一名传教士和一个野蛮人过河；
2．留下传教士，野蛮人返回；
3．两个野蛮人过河；
4．一个野蛮人返回；
5．一名传教士和一个野蛮人过河；
6．一个野蛮人返回；
7．两个野蛮人过河；
8．一个野蛮人返回；
9．一名传教士和一个野蛮人过河。

备注：答案并非只有一个，只要抓住“传教士人数大于等于野蛮人人数”这个要点进行分配即可。

沟通需要良好的口才

美国著名的人际关系学家卡特·罗吉斯曾经说过：“如果我能知道他表达了些什么，如果我能知道他表达的动机是什么，如果我能知道他表达了以后的感觉如何，那么我就敢信心十足且果断地说，我已经充分了解他了，也能够有足够的力量影响并改变他了。”

可见，良好的口才在与人沟通中很重要。特别是在如今这个竞争激烈的社会中，要想成功立足，就不能不具备熟练的“嘴上功夫”。否则，别说是应付工作上的实际需要，就连和家人的日常相处，恐怕也容易出现摩擦。

在生活中，从每一个清晨睁开眼睛开始，你所经历的每件事都必须用语言来推动，可以说，语言成为人们每天生活的主要工具。语言在人们的生活中是最简单、最平凡，也是最重要的。正因为语言与人们息息相关，所以说话的技巧就显得尤其重要，因为这关系到沟通是否有效。如果人们的表达流利，内容丰富，使用的语言精确，就有机会发展成为成功的沟通者！

日本著名“推销之神”原一平在与客户打交道方面有自己的独到之处，他每次都能迅速地与每一个他所遇见的陌生人愉快地聊起来。

有一次，原一平去拜访一位客户。去之前他就听说这个客户是个性格内向、脾气古怪的人，很难对付。但是原一平没有退缩，勇敢地敲响了客户家的门。

“先生，您好！”每次原一平总能够这样热情满满地和对方打招呼。

“你是？”

“哦，我是明治保险公司的原一平，今天特意来到贵府，是有两件事专门向您这位远近闻名的教授请教的。”

“远近闻名！您真是太客气了！”

“是的呢，有好几个客户都跟我说这个问题向您请教就对了。”

“啊！好几个人都这么说吗？真是不敢当呢，您真是太客气了，赶紧进来说吧！”

俗话说：“良言一句三冬暖，恶语伤人六月寒。”可见，会不会谈话是有不同结果的。原一平以恭维为先导，然后顺势根据自己的推销需要提出相关问题，不仅获得了对方的好感，还很容易引导对方，相信后面的推销过程也会相对顺利很多。

可见，在人际沟通中，好口才可以让人迅速建立起人脉关系，让你做起事来也轻松很多。同时，我们也看到了，做事时不仅要会干，还要会说。哪怕平常办一件极普通的事情，由于说话水平的不同，所获得的效果和回报也是大不相同的。

生活中的沟通通常表现为口头上的交流，因此，正确表达心中的想法才能利于交流。但是，我们不难见到有些人心中很有想法却不知道如何表达，甚至急得抓耳挠腮，但是仍旧让听者一头雾水。试想，如果连自己的想法都不能很好地表达出来，如何进行有效交流呢？

一名新入行的销售员来到一家公司的前台，低声问道：“小姐，请问采购部在哪里？”“您是？”前台小姐抬起头问道。“哦，我是路过这里，想看看你们公司需不需要办公用品。”“哦，这样，采购部是斜侧边的那个房间。”

销售员敲门进去，采购主管问明他的来意便低下头去，随便说了句：“不好意思，我们都是集中采购，就这样吧。”

销售员碰了一鼻子灰，只好悄悄退了出来。

这名销售员的际遇让人同情，但市场不相信眼泪，更不会同情弱者。因为这名销售员的推销口才没有任何技巧可言，朴实的话语不能引起对方一点点的兴趣，所以被轻易拒绝也就在情理之中了。

可见，良好的口才才能展现出沟通的魅力。会说话的人能把话说在重点上，话虽然不一定多，但能让对方听进去。

那些能言善辩的人不是天生就会的，他们都是靠后天的学习和长期的练习，才达到这样的水平。其实，我们也可以试着注意一下平常说话的方式和用词以及语气和场合等，找到自己的不足，然后有针对性地加以练习和提高，这样就会有所改变。

1. 委婉表达

说话是一门艺术，懂得说话艺术的人都知道，轻话不可重说，即使有些问题一定得说清楚、讲明白，仍须谨记“话不可说绝”“不说最后一句重话”的原则，给对方留点余地，也给自己留点口德和风度。

在交谈的过程中应采取委婉的表达方式，这样即使与对方在立场、意见上有对立的时候，谈话仍然能够愉快地继续下去。不管是上对下，还是下对上，说话的时候稍微迂回曲折，让听的人有思考、斟酌的时间，反而能够达到“事缓则圆”的皆大欢喜的结局。

2. 语意简洁明确

“言不在多，达意则灵”，讲话简练有力，能使人不减兴味；冗词赘语，不得要领，必令人生厌。语言需要灵活运用，更需要简洁明确、表达无误，这样才有利于双方顺利地进行交流。与人交往，说话的第一要领就是要让人听得懂、听得透，让他人明白你要表达的主要用意。在语言的表达上，应当力求简单明了，言简意赅地表达自己的观点和看法，切忌喋喋不休、啰啰唆唆，这样不仅能提高工作效率，还可以体现自己的精明强干。此外，为了清晰起见，应该保持平均每分钟150个词的语速。不要在句尾衔接不必要的语气词，以免影响了良好、清楚的表达效果。

3. 掌控说话的语气

语气是有声语言的最重要的表达技巧，一句话中，语气直接决定所说话语主题的表达效果。说话的语气，也是一个人内心对人对事态度的直接体现。恰当的语气，有助于语意的准确表达，能够提高沟通的效率。语气温婉，能让说话的态度显得和蔼可亲，从而赢得人心，得到良好的沟通效果。

4. 注意使用礼貌用语

使用礼貌用语是一种好习惯，能够做到彬彬有礼、以礼相待的人更容易成功。在人与人的交往中，使用礼貌用语可以说是一条行为准则，也可以说是提高效率的法宝。实际上，会说要比会办事重要，因为会说才能更有效率地做事。

5. 学会适时保持沉默

不管你多能说，总有些时候闭嘴要比说话更好。如果你的直觉告诉你少说为佳，那么就请保持沉默吧！

间接指出对方的错误

要说服他人，最好的办法是以有效的方式使其认识到自己的错误。采取委婉或间接的方式指出，对方更容易接受。

约翰·华纳梅克被誉为“美国百货商店之父”“零售业的先驱”，他每天都会去自己任职的大商店里巡视。一次他看见一名顾客等在柜台前，却没有一个售货员为他服务，因为那些售货员正挤在柜台远处说笑。华纳梅克什么也没说，自己进柜台招呼了那位顾客，然后让售货员装好货物，就默默地走开了。那些售货员知道自己犯了错误，可华纳梅克丝毫没有责备他们，而且替他们完成了接待顾客的工作，这使售货员觉得自己受到了尊重。谁不喜欢这样的上司呢？

我们每个人都觉得自己非常善于说服他人，但事实上，如果你只是通过威胁来达到自己的目的，你觉得你成功了吗？想想看，如果是那样的话，大家的士气会怎样？记住，歇斯底里不是说服，强迫也不是说服，真正的说服最后一定会让谈话双方的关系更亲密。

先赞美后批评不失为一个高明的沟通策略，但是许多人在实际运用的时候显得很生硬。很多人在真诚地赞美他人之后，喜欢拐弯抹角地加上“但是”两个字，然后开始一连串的批评。结果，这样做往往适得其反。

比如，有的家长评价孩子学习成绩的时候，可能会这样说：“孩子，你这次进步很大，我们看到了你的努力，非常欣慰，也为你骄傲。但是，你如果能加强一下数学的学习，那就更好了。”

本来，孩子学习进步很快，听到了家长的鼓励和赞美之后非常高兴，内心很有成就感。然而听到“但是”两个字，很可能就会对家长之前的赞美之词表示怀疑。前面的赞美是为了引出后面的批评，这是多么令人沮丧的事情啊。可想而知，这样的赞美对孩子并不会起到积极的作用，因为赞美的真实性遭到了质疑。

如果把“但是”两个字换掉，那么效果就完全不一样了。家长可以这样说：“孩子，你这次进步很大，我们看到了你的努力，非常欣慰，也为你骄傲。如果你可以在数学方面继续努力的话，相信下次你的数学成绩一定像其他科目一样好。”

这样一来，孩子就会欣然接受家长的赞美和鼓励，而且在以后的学习中更加努力。赞美的后面没有转折词，也没有批评的话语，家长只是间接提醒了应该改进的事，孩子就懂得通过努力来达到父母的期望。

由此可见，在与人交谈的时候，如果想提出改进的意见，或者指出对方的错误，一定要采取间接的方式，令对方更容易接受。如果说话太直接，言辞太犀利，必然令对方心里不舒服，一旦对方产生逆反心理就会出现事与愿违的结果。

卡尔·兰福特曾长期担任佛罗里达州奥兰多市的市长。他宣称要推行“开门政策”，并时常告诫部属，要让民众主动上门给政府提出建议。然而，由于助手过度保护他们的上司，不想让其因接见太多的来访者而产生负担，所以当社区的民众前来拜访卡尔·兰福特时，都被助手和行政官员挡在了门外。

市长知道这件事以后，并没有批评助手，因为他们也是好心的。但是，总是这样的话，市长的“开门政策”就会成为一纸空谈。最后，卡尔·兰福特想了一个好方法——把门从办公室移走。办公室没有门的阻挡，民众再来拜访的时候就不会被助手拦在门外了。

后来，助手知道了这件事，立刻意识到自己此前的行为是多么愚蠢。就这样，不但市长真正做到了行政公开，而且助手也体会到了上司的良苦用心，在工作中更加勤奋努力了。

如果市长在知道真相后第一时间就批评助手，哪怕措辞不那么严厉，大家也会感到十分委屈。为市长着想，还要接受批评，那么在以后的工作中必然不会像以前那么尽心尽力了。卡尔·兰福特很聪明，他用一个委婉的方式表明立场——拆掉了办公室的门。虽然没有直接批评助手，但是大家都明白先前的做法并不被认同，所以立即改变了工作方式。这样做、既实现了预期的目标，又维护了团结协作，可谓一举两得。

有些人并不愿意接受直接的批评，因为这会令他们颜面扫地。如果受到挑衅，他们非但不会反省自己的错误，还会对批评者产生严重的抵触心理。这提醒我们，在谈话中采用间接的方式令对方认识到自己的错误是多么重要。无论是为了提升谈话的效果，还是维持彼此良好的关系，间接指出对方的不足及错误，是每个人都应该遵循的一个重要的沟通原则。

住在罗得岛温沙克的玛姬·雅克布运用自己的谈话诀窍——让一群磨洋工的建筑工人在盖好房子之后主动清理干净场地。

开始盖房子的时候，雅克布夫人发现家中的院子里堆满了碎木块。对此她非常不满，毕竟没有人愿意在回家后看到满地垃圾。但是，雅克布夫人并没有找那些工人理论，而是等大家走了之后，招呼孩子们一起把碎木块收好，并且整齐地堆放在角落里。

第二天，她对领班的工人说："我很高兴昨天晚上你们把这里收拾得这么干净，又没有让邻居感到不方便，你们做得很好，是很优秀的建筑队伍。"从那天起，工人们每天都会把碎木块收好，并堆放到合适的地方，领班也会每天来检查。

在人际沟通中，善于把话说到对方心里去，又能让对方欣然接受，才是高明之举。玛娅·雅克布是如何做到这一点的呢？她没有指责建筑工人，也没有贸然地教对方怎么去做，而是自己带领孩子做出表率，而后暗示对方也这么操作。最重要的是，她还把第一次清扫干净地面的功劳记在建筑工人头上，并提出表扬。结果，对方意识到工作中的不足，立刻加以改正。这就是间接指出对方错误的神奇魅力。

在工作和生活中，我们在指出对方的错误时应注意以下几点事项：

（1）当你找出一条理由来指出对方的错误时，对方一定会找出十条理由来反驳你。所以，千万不要让对方产生这种抗拒心理。

（2）不要让对方觉得你在以指出他的错误为乐，最好的办法莫过于用平和的语气间接地指出来。

（3）如果你妄图通过批评对方来显示你的高明和优越感，你是不会受到欢迎的。

（4）相互尊重，是人与人交往的基础。

多用建议，少用命令

在生活中，当我们让一个人去做某件事时，总是习惯于用命令的语气。比如，“你，去把我的香烟拿过来。”“今天轮到你除草了，快去。”说者无意，听者有心，这些冷冰冰、没有人情味的命令总是令人伤心，没有人愿意听到这样刺耳的呵斥。通常，对方即使去做了，也是心不在焉，不会把事情做好。

英国教育家斯宾塞说过：“对人要少下命令，命令只有在其他方式不适用或失败时才用。要像一个善良的立法者一样，不会因为去压迫人而高兴，而要因为用不着压迫而高兴。”

在人际沟通中，语言表达艺术是一门高深的学问。例如，建议和命令有的时候只是在措辞和语气上有差异，实际内涵却是相同的。建议的魅力在于使自己学会从别人的角度思考问题。两个人的沟通，最重要的是相互理解、相互尊重。然而，就是这些细微的差别，让同样的谈话内容带给人截然不同的感受，表达出截然相反的态度。

欧文·扬是通用电气前董事会主席，美国成功企业家的代表。他在和别人说话的时候，总是用“建议”而不是“命令”的口气。他从不会说“你去做这件事或那件事”，也不会说“你别做这件事了”。通常，他总是用一种更加委婉的语气和人交谈，还常常使用建议的口气征求对方的意见。比如，“你可以考虑一下这种方法”或者“你认为那样做合适吗”。

欧文·扬在口述一封信的时候，总会询问记录的人员：“你认为这样写如何？”而不像其他人那样直接结束。看完助手写好的文件之后，他会说：“也许这样表达会更好一些。”而不像其他人那样直接否定别人：“你这样写不行。”

总之，欧文·扬在征求别人的意见或者向别人求助时，从不会打断对方的做事思路和方式，他总是会让身边的人放手做事，只是在出现错误之后才委婉地提醒他们，于是每个人都能在错误中成长、进步。

欧文·扬的这种手法相当高明，他能让人感觉到受尊重，给人一种被重视的感觉。结果，人们都乐意与他合作，而不是和他成为竞争对手。根据马斯洛的需求层次理论，受尊重的需求是人类较高层次的需求。一旦这种需求无法获得满足，人就会产生沮丧、失落等负面情绪。

在生活中，许多时候，如果让当事人自己发现错误，并给予他们思考、判断和选择的机会，更有助于他们修正自己的言行，并在心理上对你产生认同感。如果粗暴地直接指出对方的错误，无视他人的心理需求，或者直接对他人采用粗暴的言辞，就会制造矛盾和紧张关系。

在人际交往中，懂得尊重别人是和平共处、友好相待的前提。如果把你与他人的关系建立在不平等的基础上，那么它就像建在沙漠中的大厦一样，是不牢固的。如果在沟通中多用建议，则能准确判断对方的反应，并在此基础上找到应对之策。命令的方式会让对方阻隔心与心的交流，关闭交流的大门，如果你仍想说服他人，那就像逆水行舟一样艰难。

不可否认，生活在快节奏的现代社会，越来越多的人已经失去了对别人应有的耐心，在请求别人或是面对别人犯错的时候，从来不会想到用委婉的语气提出建议、给予提醒，也无法用细腻的思维去感受对方的想法，这在很大程度上造成了我们人际关系的紧张。如果你是一名领导，在下命令的时候使用了更加委婉的语气，就会带给下属被尊重的感觉，这不但可以维护对方的尊严，还会在工作中带给你更多的回报。

史蒂芬是美国底特律一家汽车配件厂的厂长，最近接了一个大订单。不过，他觉得没有办法及时赶上交货期。因为工厂的工作进度早已安排好，要想在短时间内赶出一大批货，的确没有十足的把握。

对此，在一个早晨，他召集全体员工参加例会，把这个订单的事情说明了一下，然后用询问的口气说："我们有没有什么办法能够处理这个订单？有没有什么办法可以调整一下工作时间或个人分配的工作，以加快生产进度？有没有人能想出其他的办法来，看我们的工厂能否接这批货？"

员工们听完史蒂芬的话，纷纷提出自己的看法，他们认为按时完成这笔订单对工厂将会大有好处，或许以后这种大的订单会源源不断，员工们最终表态："我们一定能够完成。"结果可想而知，在员工的齐心协力下，工厂如期赶出了这批货。

显然，史蒂芬的做法是聪明的，他的这种做法比单纯的命令式训导更能俘获人心。事实上，谁都讨厌被人命令，受人指使。试想一下，如果你每天都命令别人尽快完成工作，不要磨磨蹭蹭的，他会有怎样的回应呢？或许他嘴上说着"知道了"，行动上却总是磨磨蹭蹭，表现得心不甘情不愿。又比如，你在酒店里对服务员没好气地说："喂，快给我拿壶水来。"服务员可能会回答："好的。"却迟迟不见水送上来，因为对方面对你这样没有礼貌又只会施加命令的客人，是不愿理睬的。在公司里，这样的情形也时常发生。我们常见到公司的老板训斥下属："怎么搞的，这都多久了计划还没做出来，期限就要到了，你是怎么干活的！"一旁的下属嘴上不断地说着"知道了，知道了"，转身之后却并没有立刻去做。

之所以会出现这样的情形，最主要的一个原因就是，人们都讨厌被人指使，被人下命令。试想一下，你本来就想去干一件事，这个时候突然冒出来一个人，用命令的语气来指使你，那种做事的激情也必然会被冷水浇灭了。

谈论对方感兴趣的话题

把话说到他人的心坎上，是一种高超的语言技巧。与人交谈时要投其所好、避人所忌。俗话说：“酒逢知己千杯少，话不投机半句多。”要想打开交际的大门，就要学会让美好动听的语言走进对方的心田。

鲁迅先生曾讲过这样一个故事：一户人家生了一个男孩，全家高兴极了。满月的时候，抱出来给客人看。

一个人说：“这孩子将来要发财的。”他于是得到了一番感谢。

一个人说：“这孩子将来要做官的。”他于是收获了几句恭维。

一个人说：“这孩子将来是要死的。”他于是得到了一顿痛打。

前两个客人明显说的是假话，后一个客人说的是客观事实，但为什么待遇不同呢？因为后一个客人说话不注意场合，在人家欢庆时说了不吉利的话。

找准话题，就会与对方产生共鸣。谈论别人感兴趣的事物，是深刻了解别人并与之愉快相处的交往方式。

散文家、耶鲁大学文学教授菲尔普斯先生是一个非常和蔼的人，很早他就懂得了这个道理。在一篇谈论人性的小品文中，他这样写道：“小时候，经常去姑姑林斯莉家过周末。有一天晚上，一位中年人来访。在和姑姑随便聊了几句之后，他就把注意力转移到我身上。当时我对船的兴趣正浓，而这位客人和我谈论了这方面的知识，令人非常受用。他离开之后，我还沉浸在刚才的精彩对话中。姑姑告诉我，他是纽约的一位律师，本来对船的事情不应该如此热心，甚至应该是毫无兴趣可言。”

听到这里，菲尔普斯就奇怪了：“那他为什么自始至终都在谈论有关船的问题呢？”随后，姑姑的回答让菲尔普斯永生难忘：“因为他是一位绅士。他见你对船很感兴趣，就谈论能使你注意并高兴的话题。这使得他成为一个广受欢迎的人。”

谈论对方感兴趣的话题，就会迅速拉近彼此的距离。在人际沟通中，确保谈话能让对方感兴趣，会令其敞开心扉，保持愉悦的精神状态。而人一旦有了好心情，接下来再讨论更重要的话题，成功率自然就会大增。

一位老太太清晨去菜市场买水果，经过第一个水果摊儿，摊主问：“老太太，您要不要买一些水果？咱这里有李子、桃子、苹果、香蕉，您要买哪种呢？”老太太说：“我正要买李子。”摊主赶忙赔笑说：“我这李子，又红又甜又大，特别好吃。”老太太仔细看了看，问道：“是甜的吗？”摊主更加肯定地说：“当然，非常甜，您肯定会喜欢的。”但老太太摇摇头，离开了。

老太太转到第二个水果摊儿。摊主见来了客人赶紧招呼道：“老太太，您要买李子吗？咱这里啥李子都有，大的，小的，酸的，甜的，您看您喜欢吃什么口味的？”老太太说要买酸李子。小贩说：“我这堆李子特别酸，您尝尝？”老太太一咬，果然很酸，于是买了一斤。

老太太继续在市场里转，来到第三个水果摊儿，摊主同样询问：“老太太，您要买什么？”老太太说买李子。摊主接着问买什么口味的，老太太说要买酸李子。摊主接着问道：“老太太，别人都喜欢吃甜的，您老怎么喜欢吃酸的呢？”老太太说：“不是我吃，是我儿媳妇怀孕了，想吃酸的。”摊主一听马上说：“老太太，您对儿媳妇真好！酸儿辣女，看来您要抱大孙子了！”听摊主这么一说，老太太可高兴了。摊主接着说："其实孕妇最需要的是维生素，因为她需要供给胎儿维生素，所以光吃酸的还不够，还要多补充维生素。猕猴桃的维生素含量最丰富，所以您要经常给儿媳妇买猕猴桃才行！这样的话，才能保证您儿媳妇给您生一个健康的大孙子。"老太太一听很高兴，马上买了两斤猕猴桃。

在上面的故事中，第一位摊主只想卖出自己的产品，根本没有探寻客户的需求，结果什么也没有卖出去。第二位摊主在明确了客户的需求后，推荐了对方想要的商品，自然就取得了销售的成功。第三位摊主首先探寻客户的基本需求（买什么），然后纵深挖掘产生需求的原因（为何要买酸李子），最后激发了客户新的需求（推销猕猴桃），通过谈论老太太最关注、最感兴趣的话题赢得老太太的好感。可以说，第三位摊主最聪明，而且沟通效果是最佳的。

从心理学的角度来看，一般情况下，当人们遇到自己感兴趣的话题时，就会投入十二分的热情。在这种氛围中对话，你不但会从他人那里获益，而且这种获益会在整体上丰富你的生活。

在谈话中，当对方明显地表现出对你的话题参与度不高、言语不多时，他可能是因为害羞或者是对你的话题不感兴趣。此时，你要尽量让他热情高涨，这样才能让你们之间的关系尽快变得融洽起来。如果一个人心情不好，对谈论的话题没兴趣，必然对外界采取排斥的态度。这时候，你提出任何建议都会碰壁。相反，如果谈论对方感兴趣的话题，就会像催眠一样构建一个令人愉悦的梦境，而你此时就有机会在聊天中提出自己的观点，从而左右对方的决策和判断了。

巧妙滋润枯燥话题

说话确实是一门艺术。同样一件事，有的人讲得非常生动，可以令人捧腹，也可以令人落泪，使人身临其境；有的人则不行，讲了半天，啰啰唆唆，不知所云，让人产生厌烦心理。在生活中，对于一些不得不说的话题，要学会变通地说话，把表达的内容尽量讲得生动易懂、简单明了，甚至可以运用浅显的比喻，滋润枯燥的话题，这样才能让对方感兴趣，并理解话中之意。

李先生计划和夫人一起出游，他来到一家旅行社做咨询。

前台小姐："先生，我们刚好正在举行优惠活动，有多种优惠方式，不知道您愿意享受哪一种？"

"优惠？不知道有哪些优惠方式？"

前台小姐："您是属猴的吗？"

李先生："不是，这个和优惠有关系吗？"

前台小姐："如果您是属猴的，并且选择凌晨2点起飞的航班，又在次日清晨返回，就可以享受30%的减价优惠。"

李先生："真可惜，我的出行时间似乎不允许，你们还有别的优惠吗？"

前台小姐："我给您详细介绍一下吧。在校学生可以享受45%的优惠；如果游客已经结婚50年以上，并且这次出游是结婚纪念活动的话，可以享受减价20%的优惠；不赶在周末旅行的游客，同样可以享受减价20%的优惠……"

“不好意思，听了这么多种优惠，我的头都晕了。你说的这些条件我都不符合。你还是按照我跟你说的这个时间预定来回的机票吧！谢谢你的介绍。”

在上面的例子中，前台小姐把她认为的很重要的东西——公司的优惠规定逐条介绍给了李先生，但因为身处不同行业，使得李先生对这些优惠规定只是感到一头雾水而已。如果前台小姐在讲解的过程中可以换一种角度，从李先生的立场来看待这些优惠规定，效果也许会更好。下面我们再用一个例子来加以说明。

张剑是一家销售公司的业务员，一天他按照约定来到一位客户的公司。见面后，张剑一边做自我介绍，一边恭敬地把自己的名片放到对方的办公桌上。对方并未表现出多少热情，只是摆弄着他手上的钢笔说：“你们公司的人已经来了好几次，所有该知道的不该知道的问题我都知道了，你们的产品实在不怎么样，我也不感兴趣。今天我也不想浪费你的时间，而且你也看到了我很忙，没时间陪你闲聊，你还是赶紧走吧。”

听客户说了这么一通，张剑并没有生气，反而一本正经地说：“多谢您为我着想，您不用担心会浪费我的时间，我也只会占用您五分钟时间。时间一到，如果您对产品感兴趣，我们就合作；如果您对产品不感兴趣，我就在地上打一个滚，算是一种补偿吧！”

“你真的会在地上打滚？”客户笑了。

“是的，就这样，从这里一直滚到门口再滚出去。”张剑一边比画一边说。

“哈哈，你这小伙子还真有意思，好吧！为了看你的表演我就给你五分钟时间。”说完客户放下手中的笔，端坐在椅子上。

“那真是多谢您了。”就这样，在这种友好的氛围里，张剑开始介绍他的产品。

在上面的案例中，客户一开始就对张剑关闭了沟通的大门，甚至干脆下达了逐客令，但张剑在如此艰难甚至有点难堪的局面下，灵活运用了幽默的技巧，缓和了彼此之间较为紧张的关系，在做比较枯燥的产品介绍之前，消除了对方戒备的心理，从而赢得了会谈的机会。

在生活中，相信无论是谁，被一个自己不感兴趣的陌生人缠住都会感觉难受，恨不得立刻脱身。那么，我们该如何避免这类情况呢？

1. 少用问句，多用陈述句

问题太多，会显得自己需求感强，让对方感觉不舒服，也会降低自己的姿态。多用陈述句，可以有效避免问句过多带来的负面影响。

2. 不要没话找话

我们花了两年学会说话，却要花上六十年来学会闭嘴。大多数时候，我们说得越多，彼此的距离就越远，矛盾也就越多。在沟通中，大多数人总是急于表达自己，一吐为快，却一点也不懂对方。

3. 勤于学习

平时要留意学习，只有具备深厚的文化底蕴才能点燃幽默的激情，妙语横生，恰到好处，不落俗套，从而有效改善略显紧张的沟通环境。

4. 注意观察

平时多观察生活，提高自己的洞察力，善于发现和捕捉生活中的细节，然后加以适当的联想和夸张，才能产生神奇的幽默效果，给人带来轻松的感觉。

5. 提高修养

沟通并非总是一帆风顺的，就算对方恶语相向，很多善于沟通的人也能够轻松化解，并始终保持自信和幽默的积极心态，从而正向引导对方，直至取得自己想要的社交结果。

不做滔滔不绝的独白者

在与他人交流的过程中，千万不可以自说自话，必须努力控制自己的话题，一旦发现对方对自己所说的话心不在焉，就要立刻打住，哪怕你所说的话非常重要。

无可否认，每个人都有自己感兴趣的话题，或者是自己擅长的领域，或者是最近期望了解的东西，或者是利益所在。面对不同的人，如果不能了解他们的想法，不注意找到他们感兴趣的话题，那么和对方之间的沟通便可能失败。要想让你们之间的沟通达到既定效果，你就必须准确判断出对方对什么感兴趣，然后再围绕着这些话题展开对话，引起对方的兴趣，那样对方自然会敞开心扉，传达给你更多的信息。

小李是一位广告公司的销售员，这天他去拜访一位客户，想说动对方把广告投给他们。接待他的是一个50岁左右的中年男人。寒暄过后，小李发现对方很有耐心，人也很谦和，于是放宽心开始介绍他所在公司的状况，以及一些比较成功的广告设计方案等。中年男人听后，顿了一下说："我们今年在品牌推广上准备以传统的纸媒为主。"小李一听马上说纸媒有很多的缺点和局限性，然后将理由一一列举出来……就这样，中年男人每次开口都被小李立即回应否定。有好几次，对方想插话，但是小李滔滔不绝，又很难被打断。

最后，中年男人说："谢谢你，真是辛苦了，但是我们今年真的是还要做纸媒传播的，你说的推广方式固然很好，但是不适合我们这个行业。虽然我们这次不能合作，不过今天你介绍了好多，让我对你们公司也有了更多的认识，咱们下次有机会再合作吧！”

在上述案例中，小李只顾自说自话，没有注意到客户也要表达自己的意见和要求，其实正是客户要做纸媒传播这一事实，让他丢掉了这单生意。在我们的生活中，沟通时也不能过于强势，要注意聆听和接受劝说。如果对方话语不多，你要学会引导和鼓励对方谈话，说出他的意愿来。

弗朗西斯·培根曾经说过：“谨慎的提问等于获得了一半的智慧。”虽然有效的提问对于同对方保持良性沟通具有诸多好处，但是如果在提问过程中不讲究方式和方法，那不仅达不到预期的目的，恐怕还会引起对方的反感，从而造成双方关系恶化，甚至破裂。

因此，在与人展开沟通的过程中，要保持礼貌谦逊的态度，不要给对方留下不被尊重和不被关心的印象；同时还必须注意针对对方谈话的内容进行提问之前要谨慎思考，切忌漫无目的地信口开河。以下几点需要引起注意。

1. 巧妙地向对方提问

很多人不愿意主动透露自己的想法和相关信息，如果仅靠你一个人沟通，那么这种缺少互动的沟通就显得相当尴尬，且最终必然无效。为了使整个沟通实现良好的互动，你可以通过适当的提问来引导对方敞开心扉。在很多时候，对方也会根据你的问题提出自己的想法。如此一来，你就可以针对对方说出的问题寻求解决问题的途径。

譬如，你可以这样提问：“我是否能够请教您一个问题？”“我想再与您深入进行探讨，可以吗？”“我感到有点困惑，您的意思是？”“您能帮我澄清这一点吗？”这种开放式的提问可以使对方更快、更直接地表达内心的需求。

2. 向对方表示感谢

当对方回答完你的问题之后，你要礼节性地向对方表达感谢，这也会给对方留下好感。

3. 对于对方的问题要当场解答

针对对方提出的问题，最好能立即给出明确答案。当然，如果在此时你并不能给出正确答案，你也可以用问句来回答，这也是个很好的技巧。

比如问："你说的是个好问题，但你为什么对这个方面感兴趣？"这样，一来可以避免误解对方的意见，从而及时找到答案；二来可以使对方得到鼓励，他们会因为找到了热心的听众而增加谈话的兴趣，会传递出更多信息。

4. 及时回应对方所说的话

不管是什么样的沟通，如果只有一个人在说而另一个人毫无回应，谈话都将无法进行下去。如果对方在倾诉过程中得不到应有的回应，他肯定会觉得这种谈话非常无趣。而及时回应对方说的话可以使他感到被支持和认可，当对方讲到要点时或在停顿的间隙，你要以点头等方式适当给予回应，这可以激发对方继续谈话的兴趣。

5. 配合其他肢体语言

除了语言外，还有许多沟通的方式，如体贴的微笑、热情的眼神、适当的表情、得体的动作等，都可以使对方受到鼓励，进而产生交谈的欲望。

谈话结尾让人回味无穷

对于任何一项活动来说，开始与结束几乎都是最难的，想展示出纯熟的一面却似乎总是力不从心。而在一次正式的会谈中，最困难的工作是一开始就赢得对方的信任，以及成功地结束会谈。

一次好的交谈，应当给人留下深刻印象，达到“与君一席话，胜读十年书”的效果，从而让对方能够时常回忆起谈话的内容以及说话的人。谈话要有一个很好的结尾，“余音绕梁，三日不绝”，大抵如此。想让谈话结尾更出彩，必须事先有所准备。如果你没有提前进行准备，在面对对方时将会承受巨大的心理压力。

那么，怎样结束谈话，才能给人留下难忘、深刻的印象呢？

1. 在结尾的时候总结你的观点

很多人会在不知不觉中将谈话的范围扩散得很广，无法控制住天马行空的思路，那么在结束的时候，听众就会觉得谈论的内容像一团乱麻，无法理解你的主要观点和想法。

此时，你脑海中要有十分清晰的观点，在你说完之后，听众也应有同样的体会才算达到沟通的目的。然而，实际情况并非如此。通常，很多人已经对某个观点进行了深入分析，但是听众往往还是不能完整而系统地接受你的观点。因此，在谈话收尾时适当总结你的观点，加深在听众脑海中的印记，无疑是一个聪明的做法。

2. 在结尾的时候请求采取行动

一般在谈话即将结束时，要求听众行动的时间已经来到，时机已经成熟。此时，谈话者可以适当提出要求，让大家感同身受，因为参与感是任何东西都无法取代的。需要注意的是，在请求行动的时候，尽量使用听众能够清晰理解，并且感觉做起来很简单、很轻松的措辞。

3. 在结尾进行简洁而真诚的赞扬

在谈话结尾对听众进行赞扬，会让听众感到愉快、高兴。这是一个比较完美的结束方式。当然，赞扬必须真诚，因为阿谀奉承、夸大其词往往令人厌烦。如果赞扬缺乏诚意，甚至给人虚伪的感觉，那么你的谈话效果就会大打折扣，并从根本上暴露出你谈话水平有限、能力欠佳。

4. 以幽默的方式或名人诗句作为结束语

在所有的演说结尾方式中，幽默或诗句最能被听众接受。事实上，如果你能找到合适的短句或诗句来结束这次谈话，就会取得令人惊艳的理想效果。幽默的话语充满趣味，令人回味无穷；而名人诗句充满哲理，其经典影响力可以穿透人心，让听众无法忘怀。这样一来，你不但能展示自己独特的谈话风格，还能带给听众应有的美感，从而让他们认同你的观点。

5. 小心留意对方的暗示

如果对方对谈话失去兴趣，可能会利用身体语言做出希望结束谈话的暗示。比如，有意地看看手表，频繁地改变坐姿，或游目四顾、心神不安。遇到这些情况，最好知趣地结束谈话。

6. 切勿突然结束谈话

突兀地结束一段谈话并不礼貌。譬如，在双方热烈讨论某一问题时，突然将对话结束，是一种失礼的表现。如果一时出现僵持的局面，应设法改变话题，一旦气氛缓和就应赶紧收场。

第四章

给他人搭个台阶，还自己一个舞台

常言道：“人要脸，树要皮，麻雀依靠三道眉。”我们在与别人打交道或共事时，不去揭别人的短，才是待人处世应有的礼仪。许多人总是希望别人不要伤自己的面子，总希望别人给自己留面子，却忘了给别人留面子。在社交活动中，我们不妨学点给别人台阶下、留面子的技巧，这不仅能使我们获得对方的好感，也有助于树立良好的社交形象。

小测试：你的社交地位如何

假如你现在有机会和朋友组建一个音乐团队，你希望担任什么角色呢？

A. 鼓手　　B. 键盘手

C. 电吉他手　　D. 主唱

测试答案

选择A：你性格坦率直接，口无遮拦，令大家又爱又恨。由你聚集的团体总是快速扩张，声势浩大，可是也很容易像泡沫一样，转眼就破灭消失。

选择B：人与人的利益关系不是你计较的范围，因为不耐烦去理会那些八卦琐事，自然也不会主动去招惹麻烦。你沉浸在自己构筑的世界里，觉得这样就心满意足了。

选择C：对结党集社是有点感兴趣，不过总是暗着来，不会表露得太明显。你觉得即使不当台面上的风云人物，也要偷偷召集自己的人马，拥有暗中势力，才不会被别人看扁了。

选择D：身为团体的中心人物，自然不能表现得太小家子气，你会时时提醒自己，要保持风范。不过私底下，你非常在意是否能永远巩固自己的地位，会对朋友嘘寒问暖，其实只是关心别人对你的评价，不想让别人改变你在他们心中的领导位置。

批评前先打一针麻醉剂

普天之下，谁能无过？批评之可贵，就在于它像一面镜子，能及时反映他人的缺点和不足，帮助他人保持清醒的头脑，防微杜渐，不断进步。

但是，在日常生活中，许多人却常常因批评不得法而引起一些不必要的误会，甚至是让他人对自己有成见，造成与他人交往的困难。有的人千方百计，搜肠刮肚找出一大堆的好话、赞词，结果却事与愿违；有的人好心好意指出别人的缺点，诚心诚意想帮助别人，却引起别人的反感、厌恶，甚至憎恨。须知，成功地批评别人是要讲究一定的技巧的。

卡耐基的一位朋友在卡尔文·柯立芝总统任职期间受邀去白宫做客。当他进入总统的私人办公室时，恰好听到了柯立芝总统与秘书的谈话。

当时，总统是这样说的："你今天早上穿的衣服漂亮极了，真是一位美貌、迷人的姑娘。不过，现在我们来看看你刚才给我打印的这份文件，如果你能对标点符号稍加注意一些，就会更好。虽然你现在已经做得很好了，但我还是希望你能够再仔细一些。"

柯立芝总统平时不苟言笑，这一句赞美可能是他一生中对一位秘书最高的称赞了。虽然这位总统的动机过于明显，但是这样的说话方法很巧妙——先对一个人的优点进行夸赞，之后再指出缺点，这样对方显然更容易接受。

麦金利在1896年竞选总统时，采用的也正是这种方法。演讲之前，他需要否定一个共和党成员写的演讲词，但是又不能伤害对方的热情。问题是这个人对自己亲笔写的演讲词又十分自信。那么，麦金利是如何说的呢？

他说："朋友，这是一篇极其精彩、极其伟大的演讲词，再也没有人能写得比这篇更好。它在许多情况下都适用，不过对于这个特殊的场合是否合适呢？从你的立场来看，那是非常合理且切题的，但我必须从整体角度来考虑它的影响。现在，请你回家去，根据我所指示的要点重写一篇演讲词，并送给我一份。"

麦金利在否定共和党成员的演讲词之前，先夸赞了他一番，肯定了他的积极性和热情，也肯定了他的能力，随后才指出这篇演讲词的不足之处。这样做既不会伤害对方的热情，又得到了一篇更加完美的演讲词。在生活中，这种巧妙的应用也不少见。

华克公司在费城承包了一项建筑工程，并承诺在指定的日期内完工。开始，一切都进展顺利，但在工程接近尾声时，负责供应外部装饰铜器的承包商说不能按期交货。这将导致整个建筑工程的工期延后，同时还面临巨额的罚金。

为了解决问题，公司使用了各种方法，工作人员甚至在长途电话中与承包商发生了激烈的争论。结果，一切努力都于事无补，于是高伍先生被派往纽约解决难题。

见到承包商的时候，高伍先生并没有在第一时间与之争论按期交货的问题，而是在互做介绍之后提出了一个问题："您知道您的姓氏在布鲁克林区是独一无二的吗？"经理对这个问题感到十分诧异："不，我可不知道。"

"哦。"高伍先生说，"今天早上我下火车后，查看电话簿寻找您的住址时，发现在布鲁克林区的电话簿中您这个姓氏只有您一个人。"

"我可一直都不知道。"这位经理说。随后，他开始很有兴趣地查看电话簿。"啊，那还真不是普通的姓氏，"他自豪地说，"我的家族大约在200年前从荷兰迁到纽约。"接着，他开始谈论自己的家庭及祖先，连续说了几十分钟。讲完后，高伍先生又参观了铜器厂。“这是我所见过的最干净的铜器厂，并且比我曾经参观过的几家同类型的公司更好。”高伍先生说。

“我花了一生的心血经营它。”经理颇有感触地说道，“对此我很自豪。”在参观过程中，高伍先生又赞扬了对方的管理组织系统。高伍先生甚至还提到了工厂中几种特殊的机器，这位经理说那些机器是他自己发明的。随后，他还特意带高伍先生去看那些机器，解释它们如何工作，以及产品如何精良等。最后，这位经理坚持请高伍先生吃午餐。高伍先生明白，此行的目的基本达到了。

吃完午餐后，这位经理说：“现在，我们谈正事吧。自然，我知道你是为什么来的。我没有想到我们的聚会会如此愉快。你可以回费城转达我的承诺，即使其他生意我不得不延迟，但你们的材料我会保证按期做好并送到。”高伍先生通过神奇的交际手法，得到了他所需要的东西。结果，材料按期交齐，建筑工程在合同期限内竣工了。

试想，如果高伍先生一看到经理，就立刻继续在电话中没有争吵完的话题，那么两人的会面一定会十分尴尬。至于相处之后的和谐气氛，也就无从谈起了。

可见，在批评之前，不妨先夸奖对方的一些优点，然后慢慢地引入挑剔的言辞。毕竟每一个人都有两面，不可能完全没有优点。在他人尝到苦味之前，不妨先让他尝点甜头。

无论是在日常生活中，还是在工作的时候，你都要牢记这条铁律：批评前从真诚的欣赏和赞美入手，就能迅速打开沟通的大门。

批评也要讲方法

在说服别人的时候，我们常常会犯这样的错误，发现对方有明显的失误时，会毫不客气地批评对方说："那是错的，是个人都不会这样做。"这样一来，对方的自尊心就会受到伤害。此时，对方要么突然陷入沉默，要么通过挑剔你的言辞来拒绝你的说服。因此，为了不伤害对方的自尊心，即使发现了再明显不过的错误，也不要立刻指正，而应该采用委婉的方式进行说服。

批评是常用的一种手段，但有些人常常一发不可收拾，让他人无地自容，颜面尽失。其实，批评不但无法达到让别人改正的目的，也不利于你建立良好的人际关系。既然损人不利己，我们为什么还要用这种"残酷"的手段呢？虽然在生活和工作中不可能不批评他人，但更需学会巧妙地批评——让对方既知道自己的错误所在，又能理解你的善意和好心，心存感激。

一天中午，查尔斯·史考伯偶然走进自己的一家钢铁厂，发现几个工人没有认真干活，而是躲在一旁抽烟。而就在旁边的墙上，赫然写着"禁止吸烟"的字样。史考伯当时非常恼火，如此不遵守纪律的工人应当马上开除！你觉得，史考伯会不会马上指着那面牌子对工人说："你们是不是不识字，竟然在这里吸烟，明天你们不用来了。"不，绝对没有，史考伯绝不会这样做。

他慢慢走到那些工人面前，拿出烟盒，给每人分了一支烟，然后说："弟兄们，如果你们能到外面吸烟，我会很感激你们的。"那些工人听了史考伯的话，羞愧得不知如何是好。他们当然明白自己破坏了规定，因此立刻将手中的烟收起来。从那以后，工人们似乎都约定了再也不在工厂内吸烟。面对工人违纪，史考伯先生没有当面批评，而是采取了委婉的劝说方式。他知道，严厉的批评往往无济于事，它并不能真正让人悔过，反而可能引发人们报复性地持续犯错。

史考伯的这一做法实在高明，既间接地指出了工人的错误，又使他们感受到了应有的尊重，从而深刻认识到自己犯下的错误，并及时加以改正。这种方式，使人们易于改正错误，还维护了尊严，从而获得被重视的感觉。面对这样的老板，除了用努力工作来回报，还有更好的方式吗？

很多人在发现对方犯错时，总是提出很多要求，进行一番腥风血雨的指责，但事实证明这种方式效果并不好。简洁的一两句话就让对方明白，那再好不过了，然后应立即把话题转到别的地方，一带而过。

事实证明，好的批评方法不外乎两种，先抑后扬或者先扬后抑。前者能避免对方产生骄傲的心理，后者能让对方不至于太过沮丧，失去面子。这就像理发师给客人刮胡须一样，要先在脸上涂上具有润滑作用的肥皂泡沫，刮胡子才能更加顺利。

如果贸然地指责别人的错误往往会受到对方强烈的抵触，不仅不能达到说服的效果，反而还会因此而与别人结怨，哪怕你是一片好心也不会收到良好的效果。这是因为，你的批评无疑是把自己放在了教导者的位置上，你的好心给别人造成了无形的压力。

当然，在规避对方的敏感地带的同时，也要实现自己预期的目标。因此，如果你想帮助对方认识到错误，并帮助其改正错误，在说服对方时就要遵守这样的原则：间接地指出错误，不使用直接禁止的语言，注意批评的方法。

1. 情绪控制

在批评之前，你应该先大概评估一下这件事情的严重程度，找准你说话的语气。如果事情本来没有那么严重，就不必大动肝火；同样，如果事情已经需要严肃对待的时候，你就不能再那么温柔耐心，应该提高嗓门让对方明白事态的严重性，要让对方明白你现在生气的原因，让他通过你的情绪了解这件事情的严重程度。

2. 不要翻旧账

如果对方在一个问题上总是犯错误，明明说了很多遍，批评了很多次，可就是无法引起他警觉，这个时候你就应该仔细思考一下是不是自己的批评方式出了问题，是不是应该换一种方式或者用一些新的方法加强对方的警觉。如果只是一味地批评他总在同一个问题上犯错误，就只能引起他的反感。

3. 必须讲究场合

在许多场合中，有些话并不适合拿到桌面上来讲，而我们又需要让对方明白自己的过失。显然，尽量选择单独会谈的方式间接指出别人的过失要比在公共场合直接说出口来得温和，也不容易引起对方强烈的反感。

4. 对事不对人

在批评时，要坚持对事不对人的原则，不能因为对方某件事做错了，就说他如何不好，从一件事论及整个人，把他说得一无是处。如果不留情面地严厉批评一个人，哪怕批评得完全正确，也会让人对你恨之入骨、记恨你一辈子。与其说人是一种有逻辑、有理性的动物，还不如说人是一种充满感情、偏见和虚荣的动物更为恰当。尖刻的批评会伤害他们心中浮夸的虚荣与自尊，有时还会引来一大堆麻烦。

5. 提出正确的做法

在批评别人时，如果你在指出对方的失误之后，再诚恳地告诉他怎么做才是正确的，让他明白你不是在指手画脚，效果就截然不同了。

6. 做好善后工作

在批评之后，要做好善后工作，细心观察对方的变化，让对方感受到你的善意，你的批评才能收到应有的效果。

尊重他人，多为他人留颜面

社交过程中，我们会遇到形形色色的人，虽然不要求你去喜欢他们中的每个人，但至少也应学会给他人留面子。你给他人面子，他人同样会投桃报李给足你面子。所以说，要想自己有面子，就要给他人留面子。

人，有时会很自然地改变自己的想法，但是如果有人说他错了，他就会很恼火，反而更加固执己见。人，有时也会毫无根据地形成自己的想法，但是如果有人不同意他的想法，那反而会使他全心全意地去维护自己的想法。不是那些想法本身有多么珍贵，而是他的自尊心受到了威胁……

多年前，通用电气公司遇见一件很麻烦的事：免除查尔斯·史坦麦会计部门主管的职务。史坦麦是电器方面的天才，但是担任会计部主管对他来说实在是英雄无用武之地。但公司又不敢得罪他，因为他是不可或缺的人才，并且史坦麦极敏感，所以公司决定授予他一个新的头衔——通用电气公司顾问工程师，他还干他的老本行，只不过换了一个新头衔，至于会计部主管，则由别人担任。

史坦麦很高兴。通用电气公司的主管也很高兴，他们通过巧妙安排，调动了这位最富才气的重要人物，而且没有引起任何风波，因为他们让他保住了面子。

保留他人的颜面，这是何等重要的问题！而我们却很少会考虑到这个问题。我们常喜欢摆架子、我行我素、挑剔、恫吓、在众人面前指责他人，而没有考虑到是否伤了别人的自尊心。其实，只要多考虑几分钟，讲几句关心的话，为他人设身处地想一下，就可以缓和许多不愉快的场面。

会计师马歇·葛伦杰说："解雇别人并不是有意思的事情，被解雇的人更不好受。有些老板会说：'我们的业务是季节性的，所以，在所得税申报热潮过了之后，我们得让许多人离职。'"

葛伦杰指出："在我们的行业中，有一句老话叫'没有人喜欢抡斧头'。因此，我们养成了一种习惯，将此事处理得越利索越好。以下是我们通常会说的话：'请坐，史密斯先生。这个季度已过完，我们似乎再也没有什么工作给你干了。当然，你也明白，你只是在最忙的季节受雇帮忙的。'这场谈话正如他所说的，是一件很无奈的事情，也许大家都希望这件事情赶快过去。但是为什么不能把这场谈话变得更轻松、愉快呢？他大可以婉转地告诉对方：'史密斯先生，你的工作做得很好，一点儿也没有差错。那次我们派你去纽瓦克，给了你一项很艰苦的工作。虽然困难重重，但你仍完成得很圆满，我们要你知道，公司以你为荣，也相信你的能力——不论你在哪里工作，都将前途远大。本公司相信你，并将支持你。希望你不要忘记这一切！'

"这样做的结果就是被遣散的人觉得好多了，至少不觉得损及尊严。他们知道，假如我们有工作的话，还是会继续留他们做的，或是等我们又需要他们的时候，他们还是很乐意再回来。这就是保留别人颜面的学问。世界上任何一位真正胸怀宽广的人，都善于保住失败者的面子，而不会得意忘形地去陶醉于个人的胜利。"

善于照顾他人颜面的确是一门艺术，是一种境界。善于保留别人的颜面是一种成熟的做法，也是一种具有长远眼光的战略方法。相信，人人都会在对方的宽容中学会感恩，并会用自己最大的努力来回报对方。

爱丽丝小姐是一家广告公司的市场调查专员，老板让她在接下来一周的时间内为一项新产品做市场调查。经过一周的忙碌，临近工作尾声她才发现，由于计划工作的一系列错误，整个调查结果完全错误，必须重新来过。时间当然是来不及了，第二天马上就要进行报告分析了，这使得爱丽丝小姐处于几近崩溃的边缘。

第二天向老板报告情况时，爱丽丝小姐甚至紧张得全身发抖，最终只是简短地说明了一下调查情形，并表示因为自己工作的疏忽要重新调查。报告结束后，爱丽丝小姐等待老板大发雷霆。

出乎意料的是，老板并没有发作，他甚至还感谢了爱丽丝小姐工作勤勉认真的态度，并表示新计划难免会出差错。他相信新的调查一定正确无误，会对公司有很大助益。他还肯定了爱丽丝小姐的工作态度，相信爱丽丝小姐已尽了力，并说她缺少的是经验，而非能力。

老板如此安抚爱丽丝小姐，相信她的下一分调查报告一定是合格的。

法国著名作家安东安娜·德·圣苏荷伊普写道：“我没有权利去做或说任何事来贬低一个人的自尊。重要的不是我觉得他怎么样，而是他觉得他自己如何。伤害人的自尊是一种罪。”纵使别人犯错，而我们是对的，如果没有为别人保留颜面就会毁了一个人，那么最终还是我们错了。

已故的德怀特·马洛有一种奇妙的能力，能使两个好斗者和解。这是怎样的能力呢？他会小心谨慎地找出双方各自正确的一面，对此加以称赞和强调，且慎重而小心地把它们表现出来。无论如何解决，他从不指责任何人有错误。

赞美是有效社交的“维生素”

大千世界，芸芸众生，谁不希望得到他人的夸奖？谁不希望被他人赞美？威廉·詹姆士曾精辟地指出：“人性中最为根深蒂固的本性就是渴望得到赞美。”

19世纪初，英国伦敦有个年轻人满怀大志想成为一名作家，但事事显得极不顺利。他的父亲因为不能偿还欠款被判入狱，使得这个年轻人只受过不到四年的正规学校教育。不仅如此，他还饱尝饥饿之苦。后来，他在一处破旧工厂的仓库找到一份粘贴标签的工作，晚上则与另两名贫民窟的男孩睡在一个阴暗的小阁楼里。

他对自己的写作能力实在没有信心，每次都到三更半夜才偷偷溜出去把稿子投进邮筒里，因为他怕别人知道了会取笑他。他写了又写，但没有一篇被采用。他永远忘不了那伟大的一天，他的作品被肯定了。虽然他并没有收到一分稿费，但那名编者写了一封信称赞他。年轻人因这突来的认可而显得十分激动，他漫无目的地在街头游走，泪水滚落面颊。

这次投稿所得到的称赞和认可，使年轻人的生命整个改变了。假如不是那位编者的鼓励，他很可能终其一生在那间破旧的工厂里粘贴标签。这个年轻人就是英国著名作家查理·狄更斯。

喜欢被人赞美，是人的天性之一。人既想客观地了解自己，又想得到好评。如果一个人的长处得到别人的肯定，他就会感到自我价值得到确认，产生“自己人效应”。心理学家证实，心理上的亲和，是别人接受你的意见的开始，也是转变态度的开始。

成功的赞美，能给他人带来愉悦，能使他人受到鼓舞，不仅如此，赞美者也能从中获得快乐和幸福。赞美，就像春天般的温暖，使两颗陌生的心彼此吸引，彼此靠近，赞美，就像林中的汩汩甘泉，使友谊之树常青，使友谊之花灿烂茂盛。

美国前总统威尔逊在竞选民主党总统候选人的时候，就应用了赞美和恭维他人的方法。当时有人公布了威尔逊多年以前所写的一封信，在那封信里，他表示要将某议员打得一塌糊涂。信件公布不久，威尔逊受邀在华盛顿举办的一场宴会上发表演说，他信中提及的那位议员也在座，威尔逊在他的演说词里对那位议员的品格和他之所以博得名誉的缘由赞誉备至。过了不久，威尔逊又和该议员碰面了，那位议员与原来判若两人，对威尔逊十分热情客气并在竞选中支持了威尔逊。

可以说赞美、恭维他人是博得他人好感、获得他人赞同的一把金钥匙。

无论如何，人总是喜欢别人奉承的。有时，即使明知对方讲的是奉承话，心中还是免不了沾沾自喜，这是人性的弱点。换句话说，一个人受到别人的夸赞，绝不会觉得厌恶，除非对方说得太离谱了。

美国钢铁大王卡内基选拔的第一任总裁查尔斯·史考伯说：“我认为，我那能够使员工鼓舞起来的能力，是我所拥有的最大资产。而使一个人发挥最大能力的方法，是赞赏和鼓励。没什么比上级的批评更能抹杀一个人的雄心的了……我赞成鼓励别人工作。因此我急于称赞，而讨厌挑错。如果我喜欢什么的话，就是我诚于嘉许，宽于称道。我在世界各地见到许多大人物，不论他多么伟大，地位多么崇高，都是在被赞许的情况下，比在被批评的情况下工作成绩更佳、更卖力。”史考伯的信条同卡内基如出一辙。正是因为两人都善于激励和赞赏自己的员工，才稳固地建立起了他们的钢铁王国。

莎士比亚说过：“我们得到的赞扬就是我们的工薪。”从这个意义上说，每个人都是别人“工薪”的支付者。你也应该慷慨地把这种“工薪”支付给你的朋友。我们平时听到最多的牢骚是什么？不是“太累了”或“太苦了”，而是“干了这么多，谁也没有说个好字”。这类牢骚很能说明一个问题，即人们需要得到“工薪”，而应付“工薪”的人又太吝啬了。

有人说，赞扬是一笔投资，只需片刻的思索就能得到意想不到的报酬。这话有些道理，但似乎又含有太多的实用主义的味道。赞扬不应该仅仅是为了报酬，它还是沟通情感、表示理解的方式，如同微笑一样，也是照在人们心灵上的阳光。

知道了赞美的巨大力量，你就不必吝惜赞美，不妨自然大方地赞美他人。只要发现适当的时机，就立刻给予赞美，不见得非要干出惊天动地的大事。对提批评意见的下属，即使提得不正确，也可以赞美他对公司的责任感。当然，赞美时也要注意以下几点。

1. 赞美要真诚自然

真诚的赞美有纯洁的动机，它不是为了谋求从对方那里得到什么。卡耐基说：“如果我们只图从别人那里获得什么，那我们就无法给人一些真诚的赞美，那也就无法真诚地给别人一些快乐。”

2. 赞美要得体

生活中，我们经常需要去称赞别人。得体的赞美，于人于己都有重要的意义。对别人来说，他的优点和长处，因为你的赞美而显得更加有光彩，他本人也由于你的称赞而更加自信，更加奋发。对于自己来说，你得体地称赞别人，表明了你已被别人的优点和长处吸引，并对所称赞的事物充满了向往。

3. 要以公开的方式对他人进行赞美

以公开的方式对一个人进行赞美，会使赞美的效果更加显著。一位外国企业家说：“如果我看到一位下属杰出的工作，就会冲进大厅，让所有其他下属都看到这个人的成果，并且告诉他们这种工作的杰出之处，这样也可以当作激励机会。”

4. 背后赞美效果会更好

当面赞美，或许会使人感到虚假，疑心他不是诚心的，而间接听来的便觉得悦耳，会认为那是有诚意的。因此，背后赞美，一传十，十传百，总有一天会传到对方的耳朵里，这会让他非常感激你。同时，他也总会记得你这位使他美名远扬的朋友。

同情并理解他人

有这样一个神奇的句子，它既可以阻止争执，消除人们相互之间的厌恶感，又可以带来和谐融洽，使对方注意倾听。这个神奇的句子是这样说的：“我一点都不奇怪你有这种感觉。如果我是你，也会和你的感觉一样。”

在我们所遇到的人中，有75%的人渴望得到同情，他们或许经历了亲人的离世，或许遭遇了人生的重大挫折，或许承受着感情的创伤。无论何种原因，当面对潦倒不堪的人时，大方地给予应有的同情之心吧！给予他们一点爱，我们会获得相应的回报和尊敬，从而在人际交往中赢得更多的理解和支持。

同情似乎是这世间最为奇妙的东西，能轻易地化解彼此之间的不信任，是人与人之间合作共处的重要感情基础。

美国前总统塔夫脱曾经在《服务的伦理》一书中，对一位别有企图的母亲进行了如下十分生动的描述。

华盛顿有位女士跑来找我，她的丈夫在政治圈中颇有影响力，她花费将近六个礼拜的时间来说服我，希望我把某个职位派给他的儿子。

她认识许多参议员，也拜托他们向我强调这件事。由于这个职位的特殊性，我们必须做技术上的鉴定，最后，我把该职位派给了另外一个人。没过多久，这位母亲就写信来，说我是一个忘恩负义的人，让她成了最不快乐的女人。她还提及曾为一项我所关心的提案四处奔走，并赢得了各州各个代表的支持，最终才使得这项法案顺利通过，而如今我却如此回报她。

收到这封信的时候，我非常恼火，首先感觉对方是一位既不讲理又完全没有礼貌的人。当时，我想马上写一封信回击她，但冷静下来仔细想想事情的来龙去脉，我又放弃了最初的想法。我等了两天的时间，然后才坐下来写回信。我非常客气地告诉她，我很清楚一位母亲在这样的情况下会非常失望、难过，但这项工作由谁来担任不是单靠我一个人就能决定的，必须依照工作的需要。除此之外，我希望她的儿子能够在现在的位置上，做出她所期望的成就。

出乎意料的是，这封信平息了她的愤怒。在回信中，她对我表示了深深的歉意。但我的任命并没有马上通过，过了很长一段时间，我又收到了一封自称是她丈夫的信件。我能看出，信的笔迹依然是她。在信中，她说自己患了严重的病，病得无法起床，并有可能恶化为更严重的胃癌。在信中，她再一次恳求我是否能将这个职位给她的儿子，从而让她的病情有所好转。

于是，我不得不再次回了一封信，但这封信是写给她丈夫的。我在信中说，希望她的病是误诊，对此我深表同情。但让我撤销之前的决定是万万不可能的。最终我的那项任命得到了通过，过了一段时间，我在白宫举行音乐会。会上，我遇到了那位夫人和她的丈夫，他们向我表示了深切的问候，尽管之前她还装过病。

塔夫脱总统最终能够平息这位夫人的愤怒，就是因为他深知同情的巨大作用。可见面对他人的种种借口，如果你能深表同情，不仅能够平息对方的不满，还能赢得其好感。

格兹博士曾经在《教育心理学》中说过，每个人都渴望得到他人的关心和同情。小孩子受了伤，便迫不及待地把伤口展示给大人看，甚至夸大自己的伤势，就是为了获得更多的同情。同样的道理，大人也不例外。他们同样会暴露自己的伤痕，无论是心理上的还是身体上的。他们急于诉说自己的苦难和悲痛，渴望得到更多的关爱和同情。

纱尔·修罗克是美国历史上的第一位音乐经纪人。他和世界上一些著名艺术家，如查利亚宾、邓肯和潘洛弗等人有过20多年的密切往来。修罗克先生说，要和这些性情无常的艺术家打好交道，最重要的一课就是必须同情——对他们那些荒谬可笑的古怪脾气必须表现出更多的同情。

修罗克先生曾担任查利亚宾的音乐经纪人。查利亚宾是最伟大的男低音歌唱家之一，大都会歌剧院那些高贵的观众都被他迷倒过。但查利亚宾就像一个被宠坏了的小孩子。用修罗克先生的话来说："他是一个各方面都令人头痛的家伙。"比如，查利亚宾可能会在将要举行演唱的那天中午，给修罗克先生打电话说："沙尔，我觉得很不舒服。我的喉咙撕裂了，疼得难受，今晚我不能演唱了。"

修罗克先生会怎么办？

他赶到查利亚宾住的宾馆，对他表示同情。"多么不幸！"他会忧伤地说，"我可怜的朋友，不然我去取消这场演唱会吧，你不过损失两三千美元，但这和你的名誉相比又算得了什么呢？"

听了修罗克先生的话，查利亚宾会安静下来，然后慢慢说："也许我一会会感觉好点，你晚上7点再来一趟，看看到时我感觉如何。"

到了晚上7点，修罗克先生再次来到宾馆，这位伟大的男低音歌唱家总算答应上台演唱了，但有一个条件，就是修罗克先生要登上大都会歌剧院的戏台，向观众宣布查利亚宾患有重伤风，嗓子不太好。修罗克先生会谎称照他说的去办，因为他知道，那是唯一可以让这位男低音歌唱家上台的方法。

同情是一种悲天悯人的情怀，它是善良心灵所折射出的最耀眼的光辉。它珍贵无比，又传递着来自天堂的仁慈，这是善者对弱小者的扶持和呵护，是一个生命对另一个生命的关爱，这样的爱是博大的，是无私的。

当我们带着诚意，用同情心感受对方的一切，哪怕是脾气最坏的老顽固都能软化下来。如果想让对方接受你的观点，何不先与之保持一种良好的关系，并充分表达你的同情心？在无声之中，用同情滋润对方的心灵，让同情这团火焰送去温暖，自然容易打开对方的心门，拉近彼此的距离。

给人留余地，就是给自己留后路

古人说："凡事要留余地。"换言之，就是无论做什么，都要为对方留一点后退之路，不能把他往绝路上逼，因为事情总是在不断发展变化的，谁也不能保证自己一辈子顺风顺水。你为对方留余地，也就是为自己留一条生路。如果做事太过分，只想把对手往悬崖下逼，那么，先掉下悬崖的往往是你自己。有这样一则寓言故事：

狮子发现了一只小鹿，便凶狠地向它扑去。小鹿见状，撒腿就跑。不料，小鹿慌忙之下，掉入一口井中。井口离地面有两米多高。小鹿在水里拼命扑腾着，想跳到地面上来。

狮子跑了过来，见状便捡起一根木棍，趴在井边，使劲地捣井中的小鹿。小鹿逃生不得，情急之中紧紧地抱住了木棍，想抓住木棍爬上来。狮子大为恼火，它拼命往回抽木棍，想摆脱小鹿，哪知小鹿却死死抓住木棍不放。狮子急了，为了抽回木棍，它便把身子往前倾了倾，却没想到身体失重，一下子也掉进了水井里。

俗话说："利不可赚尽，福不可享尽，势不可用尽。"说的是做事的时候给自己留点余地，以备不时之需。

敬人等于敬己，凡事都不能把别人往死里逼，而应有一颗宽容之心，得饶人处且饶人。不让对方为难，也是给自己方便。倘若你能给别人留有余地，别人一定会对你感激不尽，铭记于心，一旦有机会定将加倍回报。一次宽容，也就相当于给了自己一次成功的机会。否则，就算逞了一时之快，一旦他日狭路相逢，他势力强大而你势力单薄，又将如何应对？

春秋末期，韩、赵、魏三家分晋。其中魏国势力最为强大，魏惠王野心勃勃，意图称霸天下，于是四处招贤纳士，收拢人才。

庞涓和孙膑同为当世高人鬼谷子的学生。两个人在鬼谷子的指导之下，文韬武略无所不习，成为当时的奇才。庞涓为人心浮气躁，在学艺未得大成之时，便急欲立功扬名，于是下山投奔魏国。在魏国，庞涓深得魏惠王信任，授封为大将军。他用学得的本领来训练兵马，在与卫、宋、鲁、齐等国的交战中，屡战屡胜，备受魏国朝野尊重。

不久，孙膑也学成下山。他德才兼备，智谋非凡，是个百世难遇的奇才。下山之初，因为没有根基，所以孙膑也前往魏国。

魏惠王得到消息，便征询庞涓的意见。庞涓心知自己逊孙膑一筹，便说："孙膑是齐国人，我们如今正与齐国为敌，他若来了，恐怕有所不妥。"魏惠王说："如此说来，外国人就不能用了？"庞涓无奈，只得同意让孙膑前来。

孙膑来到魏国，一谈之下，魏惠王就知道孙膑更有将帅之才，想拜他为副军师，协助庞涓行事。庞涓听了忙说："孙膑是我的兄长，才能又比我强，岂可在我的手下？不如先让他做个客卿，等他立了功，我再让位于他。"实际上，这是个计谋。庞涓是为了不让孙膑与之争权，然后再伺机陷害。而孙膑还以为庞涓一片真心，对他十分感激。

庞涓原以为孙膑一家人都在齐国，因而不会在魏国久留，便试探着问他："你怎么不把家里人接来同住呢？"孙膑说："家里人非亡即散，哪里还能接来呢？"庞涓一听，顿时一惊。他想，如果孙膑在魏国待下去，自己的地位可真是岌岌可危了。

后来，一个齐国人捎来了孙膑的家书，大意是让他回去。孙膑回了一封信，言称自己已在魏国做了客卿，不能随便走。凑巧的是，孙膑的回信竟被魏国人搜出来，呈给了魏惠王。魏惠王便问庞涓如何处置此事。庞涓一见机会来了，应答道：“孙膑是有大才能之人，如果回到齐国，对魏国十分不利。我先去劝劝，如果他愿意留下，那就罢了，如果不愿意，那就交由我来处理。”魏惠王同意了。

庞涓当然没有劝孙膑，而是对他说：“听说你收到一封家信，怎么不回去看看呢？”孙膑说：“只怕不妥。”庞涓大包大揽，劝孙膑可放心探亲，孙膑颇为感动。第二天，便向魏惠王告假。

魏惠王一听孙膑要回乡，便称他私通齐国，命庞涓审问。庞涓故作惊讶，先放了孙膑，又假装向魏惠王求情。而后，又神色慌张向孙膑解释，他费了九牛二虎之力才保住了孙膑的性命，但黥刑和膑刑却不能免除。于是，孙膑脸上被刺字，膝盖骨被剔，终身残疾。

后来，庞涓的阴谋被人揭破，孙膑装疯逃出魔掌。在马陵之战中，孙膑率军大败庞涓。庞涓终于为自己当初的所作所为付出了沉重的代价。

《醒世恒言》里有一句话：“世事翻腾似轮转，眼前吉凶未必真。”人生的路上，懂得给他人留余地、给自己留退路，才能走得更稳，更踏实。

假如庞涓没有一次又一次地把孙膑往死里逼，他会有后来的悲惨结局吗？当然不会。可见，一个人的最终结局与其为人处世的方法有很大的关系。如果懂得为别人留余地，在自己为难时，对方也会放你一马；如果平时喜欢把人往绝境上推，这样的人最后也没有多少活路。

为人处世，只要我们存有宽广之心，做人不要做得太绝，你会发现，脚下的路其实很平坦。人不是生活在一时一刻，也不是与他人只有一次接触，聪明的人懂得给自己留退路，懂得给他人留余地。表面上是宽容了别人，而实际上也是在为自己铺路，否则，就会陷入死胡同，使自己前无出路，后无退路。

现代社会是一个充满风险和挑战的社会，我们的生活、职业、娱乐、思维方式都将发生很大的变化，要在这样的环境里好好生存，就要学会深思远虑，防患于未然。

从他人的角度去考虑问题

在你与人交往时，不要把双方都不在意的错误牢记在心，也不要指责别人，傻子才会那样做；要尽量了解别人，那才是明智大度、超凡不俗之人应做的事情。而对方之所以会那样思考，会那样行动，自然有他的理由。如果你能找出那个隐藏着的原因，你也就找到了理解他们的行为和人格的钥匙。

因此，要试着使你自己真诚地站在别人的立场上思考问题。

假如你对自己说："如果我处在他的情况下，我将有什么感受，会做出什么反应？"那么你就可省去一些不必要的烦恼，因为如果对原因产生兴趣，我们就不会厌恶结果。而且除此之外，你还可以大大增加你的为人处世的技巧。

卡耐基先生曾经要举办一个为期一个月的演讲培训班，他原本计划好了租用了一家旅馆的舞厅作为他的讲课场所，但是，在他的演讲培训班马上就要开班的前一天，他突然接到旅馆的通知，告诉他舞厅的租金要涨三倍。卡耐基得知这一消息时，他讲课的全部工作都已经安排就绪，临时变换培训地点已经不可能了。

当然，就算这样卡耐基还是不愿意支付这笔额外的费用，于是他亲自去找旅馆的经理，开门见山地说："当我收到您的通知的时候，我感到有些震惊，但我并不会责备您，因为如果换作我是您的话，也会这样做的，您身为这家旅馆的经理，职责当然就是尽可能地使旅馆赚更多的钱，如果做不到这点的话，您就会被炒鱿鱼，而且是理所当然地被炒鱿鱼。现在让我们来谈论一下这样做对您到底有没有好处？”

那位经理点点头，示意卡耐基往下说。卡耐基继续说道：“您会因为出租这舞厅给我而获取收益，而且是一笔非常大的收益。如果我因为您加了三倍的租金而租不起您的舞厅，就会被迫另寻一个适合我举办培训班的场所，那对您来说是一笔很大的损失。同时您有另外一项损失，那就是我的演讲将会吸引一批受过高等教育而有教养的人到您的旅馆，这是个非常好的广告机会，即使您花几千美元在报纸上刊登广告，也不可能像我在您这儿讲课一般吸引那么多人来光顾您的旅馆，而且这种效果是非常有价值的，不是吗？”

最后，卡耐基先生还是很诚恳地说：“希望您仔细地考虑一下我刚才说的话，然后再告诉我最后的决定。”第二天，卡耐基先生就收到了旅馆的回应，通知他舞厅的租金不涨价了。

卡耐基先生说话是有一定诀窍的。他在谈话时很少以“我”的角度去和别人交流，没有直接地去提出反对，而是只用“您”的尊称，好像他是站在经理的角度上去讲话，考虑到别人的需要，这就是一个技巧问题。只说“您”会怎样怎样，会让对方觉得你在替他考虑，而不是为自己说话，这样一个能替他人着想的人，对方当然容易接受。

肯尼斯·古德在他的作品《如何使人变得高贵》中说：“暂停一分钟，将你对自己事情的浓厚兴趣，和你对别的事的漠不关心做一做比较。然后你就会明白，世界上任何其他人也都是同样的态度。换句话说，为人处世之成功与否，全在于你能否以同情之心接受别人的观点。”

离卡耐基先生家不远有一座公园，里面时常发生或大或小的火灾，虽然在公园的各个角落都散布着一些布告牌，上面写着：“凡导致火灾的肇事者，将处以罚款及拘禁。”但附近的孩子还是会在树下野炊，因此引发的火灾时常向四周蔓延。所以，卡耐基便自己成立了“单人委员会”，来保护公园的公共财产。每当看到树下起火，卡耐基先生便骑马跑过去，向这些孩子们警告，说这样会引起火灾并会被拘禁。甚至还用权威的口气，命令他们把火灭了。

结果呢？这些孩子虽然表面上遵从了，但在卡耐基先生骑马跑过山坡后，他们就又重新生火。这种状况直到卡耐基先生对人际关系的知识有了更多的了解，更懂得从对方的观点来看事情后才有了明显的改观，他不再下命令了，他会骑马来到火前，然后这样说："孩子们，玩得高兴吗？你们在做什么晚餐？当我还是个孩子时，我也喜欢生火——至今还很喜欢。但你们知道，在这公园中生火是非常危险的。我知道你们这些孩子会很小心谨慎的，但别的孩子可不像你们这样小心。他们走过来见你们生了火，于是他们也点起火来，回家的时候也忘了扑灭，结果火在公园中蔓延，烧毁了树木。如果我们不能多加小心些，我们这儿的树就会被烧得精光了。因此，生了这堆火，你们可能会被捕入狱。但我不想多说，也不希望干涉你们，扫你们的兴。我喜欢看到你们快乐地生活，但请你们立刻将旁边的枯树叶拨得离火远些，好不好？在你们离开以前，你们要小心地多用些泥土把火盖起来，好不好？那就不会有危险了……多谢了，孩子们。祝你们快乐。"

这种说法有了很好的效果，孩子们非常合作，他们没有怨恨，也没有反感。他们并没有被强制服从什么命令，他们保住了面子，他们觉得能够接受；卡耐基先生也觉得很满意，他也不用再气急败坏地满山坡去驱赶那些玩火的孩子了。

每个人都希望有自己的主张和意见，因此，对别人的意见都很难接受。倘若对方不愿承认你所猜度的意思，那你不妨用间接的方法去迎合他，而使他避免公然承诺的窘迫，这样，他会感谢你一辈子的。

你要想在交流中达到自己的目的，实现自己的计划，就要学会从他人的角度去考虑，这体现的是一种人性化的技巧。这不仅是对他人的尊重也是对自己的尊重。这样会让对方觉得你是在替他考虑，而不是为自己说话，对方当然容易接受你的想法。

第五章

进退有度，纵横职场

在职场上，你会和各种各样的人打交道，也会碰到各种各样的麻烦和尴尬事。任何一种关系处理不好，都会给你的职场生涯带来不小的冲击和影响。你的沟通技巧如何，是处理好职场人际关系和提升工作效率的关键，也是事业取得成功的一个决定性因素。

小测试：职场中你容易满足吗

冬天的滑雪场上，有一个人正在斜坡上滑雪，仔细看一下前面，地上凹陷了一个洞，有一只巨大的熊正在洞穴里冬眠……可是，这个滑雪者却对这一切浑然不知。请问，这个人的下场会如何？

A. 掉到洞里遭到熊的攻击　　B. 轻松地跳过洞穴

C. 有人告诉他有危险而转变方向　　D. 在到达洞穴之前突然滑倒

测试答案

选择A：你的欲求不满度似乎很高，每当有麻烦事发生时，你就会把过错往对方的身上推。而且因为你的想法很悲观，因此有时候明明有转机，也会因为你的这种悲观而使事情不能得到好的发展。

选择B：你相当勇敢果决，对自己的努力与才能也很有自信，遭遇挫折反而会激起内心的战斗意志，欲求不满度相当的低。

选择C：你的身边有许多热心助人的朋友，只要你有困难，他们马上会义不容辞地向你伸出援手，你是那种有贵人相助的人。因此，你的思考方式很乐观，因为即使自己做不来，也会有别人帮忙解决问题，即使欲求不满，也能够很圆满地解决。

选择D：你喜欢做美好的白日梦，似乎对算命这一类的事情抱有相当浓厚的兴趣，你很重视运势及运气这种东西，认为诸事不顺都是运气不好惹的祸。

巧妙应对自己的上司

人在职场漂，哪有不挨骂的？真正的职场勇士要敢于直面领导粗暴的拍桌，还要敢于正视领导凶猛的咆哮！我们需要有避免挨骂的灵性，也要有经受得住责骂的定力，更要有面对挨骂的技巧。

面对自己的上司，首先要做的就是摆正自己的心态。在与上司沟通时，要做到态度上不卑不亢，既要对上司给予尊重，也绝对不要唯唯诺诺、失去自我。当然，领导也是人，也有其人性的弱点，与其沟通就要考虑到他们的个性并注意自己的谈话方式。

小陆在一家文化公司上班，在工作上取得的业绩是公司上下有目共睹的。但是他不喜欢上司对他指手画脚的态度，经常会忤逆上司的意思。对于自己不赞同的意见，不是假装听不到就是直接和上司较劲。时间久了，上司觉察出来了，开始疏远小陆，渐渐减少分配给小陆的工作任务。小陆被打入了“冷宫”，职场前途一片黑暗。

最终小陆忍无可忍，跟上司大吵了一架，愤然摔门离去。小陆失去了一份令人羡慕的工作，开始寻找属于自己的天地。但问题是，如果他跟下一位上司的关系仍旧紧张，他是否还会摔门而去，另觅下家呢？

由此可见，在面对上司时要注意时时维护对方的威严，一些让上司不高兴、下不来台的话最好不要说。比如，在回答上司的问题时，“随便”“都可以”这样的答案会让上司感到你感情冷漠、不懂礼节，对什么都采取一种漠不关心的态度。如此一来，你在上司心中的印象就大打折扣，这可不是一件好事。上司一旦树立这种印象，对你日后的工作极为不利。

当我们受到上司批评时，会需要表现出诚恳的态度，争取从批评中受到教育，得到启发，进而改进工作方法。而会令上司恼火的情况，就是他的话被你当成了耳边风。如果你对批评置若罔闻，依然我行我素，这种效果也许比当面顶撞上司更糟。因为，上司会认为你的眼里没有他，瞧不起他。

切实地说，在接受批评的过程中才能更了解上司，虚心接受批评才能体现对上司的尊重。比如说，面对错误的批评，你处理得好，反而会变成有利因素。如果你不服气，发牢骚，那么，你这种做法产生的负面效应，足以使你和上司之间的感情距离拉大，关系恶化。当上司认为你批评不起、批评不得时，也就产生了与此相伴随的印象——认为你用不起、提拔不得。

在职场上，蔑视上司的话千万不要说出口，因为这是对上司威严的一种宣战。比如：“这事你不知道？”“那事我早就知道了！”这些话明显就是嘲讽对方的无知和无能，哪怕是对自己的朋友都会造成一定的伤害，更何况是自己的上司呢？

此外，可以同上司发生争论，但要看是什么问题。比如，你对自己的见解确认有把握时，对某个方案有不同意见时，上司说的与你掌握的情况有较大出入时，对某人某事看法有较大差异时，等等。但请记住，当上司批评你时，并不是要和你探讨什么，所以此刻决不宜发生争执。

还有，在职场上，很多人最常说的一句话就是：“我想这事很难办！”这话也不要随便说。因为一方面显得自己在推卸责任，另一方面也显得上司没有远见，这会让上司脸面上过不去。你要记住，对老板一定要绝对地服从，同时也要学会有智慧地服从，还是要照顾到上司的脸面的。

“夏雨，这个方案你负责跟进一下。”

“夏雨，这个客户恐怕只有你能应付了。”

“夏雨，新品推介会上人手不够用了，你赶紧过去顶一下。”

……

每当上司为公司的某些事情抓狂的时候，一定会跑来找夏雨解决。虽然这是上司对自己的赏识，但是夏雨觉得自己真是委屈得很，活儿没少做，工资却没涨，职位也没提升，相比其他同事来说自己的工作量何止是多出了一倍。而且，最糟糕的是多做多错，出现问题上司要追责的还是自己。

这让夏雨感到很困惑也很疲惫。经过一个周末的思考，夏雨终于打定了主意。当周一上午上司又一次习惯性地要给夏雨增加工作量时，夏雨没有直接否定上司的意思，而是委婉地提醒说：“我现在手头还有三个大项目没有处理完，时间拖得久了客户会抱怨的。”上司虽然感到非常失望，可看到夏雨桌上成堆的文件，也只好讪笑着说：“可是，这个项目只有你去做我才放心。”

“那好吧，我赶一赶。”夏雨见上司态度如此恳切，便心一软再一次答应了下来，不过她马上想到自己周末的计划，于是接着说，“但是，要是想保质保量地按期完成任务，我需要几个帮手。”上司见夏雨答应了，非常高兴，便笑着说：“好吧，你可以亲自挑选助手帮你完成这项工作。”

在这项工作完成之后不久，夏雨便被上司提拔为小组的负责人。

在上面的案例中，夏雨既表达出了自己服从上司的意思，又维护了自身的权益，给上司留下了非常好的印象。自此以后，夏雨的上司也没有再提新任务的事情，反而经常关心起夏雨来，并开始叮嘱夏雨有困难就提出来，不要累坏了身体。可见，职场中任何问题的困扰都来源于沟通不畅，只要学会用巧妙的方式与上司沟通，你就能在职场中如鱼得水。

在职场中，要学会与自己的上司有效地沟通。人与人之间如果没有了交流和沟通，那么情感也会因此而疏离。所以，与上司的沟通是绝对有必要的。但是在沟通中，要掌握一些原则和技巧，懂得巧妙的用语，这将有助于我们消除“对上沟通没有胆”的毛病。只要我们在与领导谈话时善于察言观色，以平常心去应付，习惯成自然，对这类情况就可以应付自如了。

尊重公司的老前辈

职场中要尊重前辈，新人一进入职场，最怕遇到喜欢倚老卖老的公司老前辈。在前辈的意识中，新人就该有新人的样儿，新人就该谦卑行事。而另一方面，新人们则如同刚刚走出象牙塔的“小王子”“小公主”，最易犯的毛病就是妄自尊大，心高气傲，对于处处受干涉，事事受指导，无法好好施展自己能力的现状一时还适应不过来，这在职场里是要不得的。职场中的每一个人都需要有一种踏实沉稳的实干精神，更何况年轻人在老前辈面前呢？要在职场丛林里生存并发展，一定要先学会低头，这样才能赢得和谐的人际关系，为自己未来的发展奠定良好的基础。

虽然，就外商公司的企业文化而言，能力凌驾一切，年龄并不是升迁的重点，年纪大又未获升迁的人，反而会变得谦虚；但是在传统或本土的企业里，讲究职场伦理与年资，倚老卖老的情形较明显。于是乎，两者之间的冲突就这样产生了。之所以出现这种现象，问题在于沟通上的不利，职场新、老人之间的矛盾，其实根本问题就是沟通不畅。这也是新人融入职场的必经之路。

因此，公司新人，尤其是刚刚提拔的年轻上司一定要尊重单位里的老前辈，肯定他们的贡献。有些前辈在组织里是年资够久、经验丰富，却升不上去的人。不过，这样的人除非是过度吹嘘自己，否则通常手中都握有筹码，比如，他们在实务上都具备一定的经验与能力，但是可能因为缺乏领导的特质，或是广阔的格局与视野，所以，未获得升迁。对于年轻上司而言，要记住一点：业务上要强于他们，让他们心中服气，这样你才能有效地驾驭他们。

在工作中，与公司老前辈搞好关系十分重要，人际关系搞不好，工作就不好开展。对一个新人而言，当务之急自然是尽快融入部门组织，适应企业文化与环境。所以，新人不妨换个角度来看待公司老前辈，发觉并善用他们的优点，并将这些经验复制成自己的优点。

在工作中常有很多工作年限不长，但能力很强的新职员很快被提升为部门主管。但是下属中有的老职员，仗着自己资格老，以前有功劳，对年轻主管不服，往往很难管理。要想改变这种境况，年轻主管就千万不能与他们正面冲突，因为老职员通常都爱面子，为他们保留颜面，给予充分的尊重，才是上策。

年轻主管必须遵循一条准则，尊重他人的优点，承认老职员的优势，慢慢解开他们心里的疙瘩。因为，在工作中间，真正过目、批准文件的人是主管，并不是老职员，新人只要在表面上显示服从的态度即可，仍然可以做自己认为正确的提案，无须正面与老职员争论。

当然，和老职员搞好关系，表示出对他们的关心，在他们需要帮助时，热心支援，他们就会支持新主管今后的工作。例如，平时一起吃午饭，假期组织旅游等。多接触，多活动，便于增进彼此之间的感情。新主管要持敬重、真诚的态度，比如，在聚会时表示敬重之意，真诚地赞美他们为公司做出的贡献。在工作中有不明白的事也要和他们商量，不能因为对方职位不高或生性老实而有失敬意，这种人对公司上上下下都很清楚，听他们讲讲公司的历史，对新主管也是有益的。如此一来，年轻主管不但加深了对公司的了解，而且在老职员及众人心中，也能留下好的印象。

职场中，尊重前辈是一种有效的退让策略。新人可以先观察公司的老前辈，借以了解组织生态。此外，不要反驳他们的言谈举止、想法意见或是创意设计，以免因为得罪老前辈，而间接破坏了与其他同事的关系。应该利用公司老前辈喜欢指导“菜鸟”的心态，在最短的时间内熟悉业务内容与流程。毕竟，一个资深的老前辈绝对是一个公司活的历史书，一个人能够在一家公司待很久的时间，必定经历了很多的风风雨雨，这些老前辈对很多事情的把握也许都会在新人之上。新人毕竟是新人，要懂得藏拙，多听多看，吸取经验，结合部分公司老前辈给你的信息，或许你可以得到非常大的帮助。况且，这样的退让也是尊重前辈的一种表现。适当的退让，增加前辈对你的好感和认同，也利于双方的沟通，便于自己工作的开展。

具体来说，要想很好地尊重公司的老前辈，你需要注意以下几点。

1. 保持积极的态度

个人的能力总有强弱，但是比能力更为重要的是态度，保持积极的态度，事情就成功了一半。

2. 培养自己观察和反思的能力

你是否注意过前辈们在和领导对话交流，或者和客户沟通的时候是如何进退有度的？你是否留意过公司邮件的格式是什么样的？你是否在意过前辈们遭遇到意外情况时的解决方式？

作为职场新人，平时多留一个心眼，从对前辈们的观察中了解你作为一个职场人该有的职业态度和待人接物的方式，对你日后的职业生涯无疑大有裨益。

3. 和前辈们之间保持距离

与前辈们相处，千万不要因为彼此熟悉了就开始没大没小。前辈们互相逗趣是他们的事情，而你作为一个新人、一个晚辈，最好不要随意插科打诨，否则很容易给人一种不尊重前辈的感觉。对待前辈们始终保持尊重、保持适当的距离，对你来说是有百利而无一害的。

建立和谐的同事关系

俗语说：“一个好汉三个帮。”咱们中国老百姓普遍认同“在家靠父母，出门靠朋友”“朋友多了路好走，多个朋友多条路”的处世原则。然而，这种处世原则在现代白领职场中却似乎行不通了。

曾经有一项调查显示，在上海白领中，居然有近两成人坦然承认自己在职场中没有真正的朋友，并且他们也不想跟同事成为朋友。他们认为，职场如战场，同事就是竞争对手，跟同事做朋友，只能是给自己埋下一颗定时炸弹，因为同事了解你的缺点，甚至还握有你的把柄。同事真的不能做朋友吗？

其实，跟同事做朋友非常必要。这是因为，上班族大部分时间都跟同事在一起，没有多少机会跟同事以外的人结交朋友。如果不跟身边的同事做朋友，烦恼就不能及时倾诉，压力就不能及时排解。烦恼和压力日复一日地郁结于心，对身心健康极为不利。因此，和同事处理好关系就变得很重要，也很必要。

其实，要和同事处理好关系并不困难。同事也是人，是有情感的，只要用以真心换真心的方式与之相处，是能够成为朋友的。当然，这种朋友毕竟是特定环境下的朋友，与普通意义上的朋友有所不同。跟普通朋友相比，同事之间往往存在既合作又竞争的关系，很多时候还会出现利益冲突。只要你多和同事沟通，会和同事沟通，很多问题将不复存在。

戴维和杰克原本是一对很要好的朋友，从同一所大学毕业，又在同一个公司同一个科室工作。戴维思维严谨、观点缜密，而杰克观念前卫、思想敏锐，两人的工作互补性很强，被公司誉为“黄金搭档”。但是有一阵子，他们突然变得生疏了，上班也不在一起研究问题，各自在自己的电脑上工作，好像相互不认识一样。这一异常现象被部门经理发觉了，他把他俩找到一起盘问，两个人都说没有发生什么。

后来，细心的部门经理发现，戴维疑心杰克在同事面前说过自己的失败经历，所以不愿搭理杰克，而被误会的杰克却以为戴维把他当成了竞争对手。于是，部门经理分别找他们再次谈心，挑明他们之间的矛盾根源，解释了其中的误会。经过部门经理的开导，他们也进行了一次开诚布公的沟通，他们都觉得自己误会了对方。最终，两个人消除了隔阂，依然是工作中的挚友，携手并进，共同发展。

工作是不可以带着私人情绪的，因为夹杂私人情绪就会和同事在工作中互不支持，导致两败俱伤，影响自己在公司的前途。古人说：“上不失天时，下不失地利，中得人和，而百事不废。”用现代话来说，同事之间关系和谐，则万事兴，也就是单位的生产率、工作效率可以提高，组织的计划、目标能顺利实现，个人的愿望和抱负也可因此而实现。

因此，善待同事，就是善待自己，这也将非常有利于我们工作的开展。下面提供一些与同事沟通相处的方法和技巧，帮助你树立在公司中的好人缘。

1. 理解和欣赏同事

希望引起别人的注意，希望别人知道自己的优点，这是人的天性。因此，当你诚心赞誉别人时，对方就会以你为知己。同事之间由于经历、立场等方面的差异，对同一个问题往往会产生不同的看法，引起一些争论，一不小心就容易伤了和气。因此，与同事有意见分歧时，涉及原则问题时要坚持，必要的争论是不可避免的，不能随波逐流或是刻意掩盖矛盾。但也不要过分争论，别人接受一个观点需要一个过程，况且还有爱面子的心理，所以过分争论只会激怒对方，影响团结。

2. 给同事安全感

安全需要是人类最原始、最基本的需要。为此，你应该在与同事交往中不探听，更不揭露他人的隐私；不背后道人之长短，更不可搬弄是非；人孰无过，不可记人过错，更不可存报复之心；不狂妄自大，更不可事事处处占尽上风。这样，同事自然会认为你是忠实可靠的同事，便会毫无顾虑地同你交往了。

3. 满足同事的需要

在人际交往中一方传输信息、感情或者物质等，另一方理应相应地做出报偿，如态度的转变、交往频率和深度的增加、感情的融洽、关系的改善等。如果人际交往中付出和报偿不对等，则人际关系将受到影响。如果你待人真诚、不谋私利、急人所急、豁达大度，那么同事关系一定是好的；反之，若有己无人、盛气凌人、贪得无厌，粗鲁野蛮……那么同事关系必然不好。

4. 注意交往的时空距离

我们已经知道，人际关系一般与交往距离的远近，交往时间的、长短成正比，因此一个班组、一个办公室的同事关系一般较密切。为了便于和同事交换信息，沟通感情，消除隔阂，即消除交往中对另一方传输的信息的误解，一般都需要进行面对面的人际交往，同时应经常进行交往。然而，我们也要注意交往过度会造成心理及感情上的饱和这一因素，因此，同事间的交往，无论从频率上讲，还是从空间上讲都要恰如其分，即保持“君子之交”的时空距离，这样各自都能冷静地处理相互之间的关系，不至于因交往过密而对另一方产生过高的期望，一旦这一期望不能实现，就会产生失望感，甚至怨恨情绪。反而不利于保持正常的关系。

5. 正确对待竞争

同事之间是一种既合作又竞争的关系，同事间相互竞争是正常的，围绕着一个共同的目标而展开的竞争，有利于相互促进，有利于共同目标和个人抱负的实现，它是组织和个人是否有活力的标志之一。因此，千万不能把同事当冤家看待。对于在办公室里跟自己有竞争关系的人，不妨试着去赞美他，或请他帮一个小忙，这样往往可以神奇地化解彼此间的敌意。在职场上，减少一个敌人的价值胜过增加一个朋友。同事工作有成绩时，千万不要嫉妒，要真心欣赏别人，向别人看齐，这也是一种具有积极意义的竞争。

6. 多倾听同事的声音

倾听可以使同事感到被尊重和欣赏，倾听也可以使你更真实地了解同事，还可以减除同事的压力，帮助同事清理情绪。倾听还是解决同事间冲突、矛盾，处理抱怨的最好办法之一。少说多听，可以得到很多信息，并有利于保护自己的商业秘密。

7. 正确认识自我，表现自我

正确认识自我，就是要对自己的体能、智能、价值、社会权利和义务、社会责任和社会地位等有一个符合实际的评价，形成正确的自我意识。在行为举止中表现出自尊而不自傲，自爱而不自卑，自律而不自弃。在对待自我理想和抱负的实现方面，既要看到个人的能动性和潜力，同时也要清醒地认识到，离开社会、集体、同事的协助，自己必将一事无成。这样我们就会在交往中注意自我和社会大我的结合。我们就会有强烈的与他人交往的愿望，乐于与同事交换和分享信息、情报。我们就会在与同事和领导的交往中，保持平等自然的态度，不卑不亢，落落大方。我们就会既有强烈的自我实现愿望，又有强烈的与他人合作的愿望。同时完全可以肯定，同事们一定会尊敬这样的人，愿意与这样的人交往、共事。

8. 对自己的过错要主动道歉

与同事发生矛盾时，要主动忍让，从自身找原因，换位去为他人多想想，避免矛盾激化。如果已经形成矛盾，自己又的确不对，要放下面子，主动向对方道歉，征得对方的谅解，以诚心感人。而双方的误会应主动向对方说明，不可小肚鸡肠、耿耿于怀。退一步海阔天空，如有一方主动打破僵局，就会发现彼此之间并没有什么大不了的隔阂。

化解敌意，从容面对竞争

俗话说“同行是冤家，同事是对手”，因为是同事，因为是站在同一条起跑线上，就存在竞争。存在竞争就容易让人抛掉正常的心态，于是笑里藏刀、绵里藏针等招数便纷纷登场。其实这种说法并不完全正确，因为同事之间不但有竞争，还有合作。

韩非是名传千古的集法家之大成的思想家。当初他的著作传到秦国，秦王见到《孤愤》《五蠹》这些文章，深有感触地说：“我如果能见到这个人，并与他交往，就是死了也没什么遗憾的了。”李斯说：“这是韩国的韩非写的文章。”秦王为了得到韩非就立即攻打韩国。其实，韩非在韩国并没有受到重用，韩国国君是在亡国之际，才想起韩非的好，并派他出使秦国。

韩非入秦之后，眼见强秦之势，不但忘记了出使秦国的重任，反而上书秦王，直陈己见。秦王阅毕，正合胃口，更增加对韩非的敬慕，便欲封官重用。

然而，韩非入秦，却引起了李斯的恐惧。他与韩非曾同时师从荀子学习“帝王之术”，李斯深知自己的才华不及韩非，现在两人同侍一主，日后韩非定然占尽风头，而自己则屈居其下。

于是，李斯向秦王进谏道：“韩非是韩国的公子，现在大王要兼并诸侯，韩非终究会帮助韩国，而不会帮助秦国。大王如果不用他，让他久留秦国然后再放他回国，这是自留后患，不如找个罪名杀了他。”秦王认为他讲得有道理，便下令将韩非囚禁。李斯既怕秦王反悔，又怕韩非上书自辩，便派人送毒药逼韩非自杀。

一代旷世奇才，只因可能与李斯同侍秦王便遭毒害，韩非也只能有“既生非，何生斯”的悲叹了。才华过人、锋芒毕露就容易让人感觉受到威胁，所以要处理好与同事的关系，就要用你的行为让同事感觉到，你的存在不会威胁到他的地位，使他有安全感。这样，同事就会认为你既是忠实可靠的同事，又是朋友，就会毫无顾虑地与你交往、合作了。

不可否认，有职场的地方就会有竞争。同在一家公司，同处一个部门，追求工作业绩，赢得职位升迁等，都存在着同事间的竞争。虽然这是件很寻常的事情，但这种竞争与其他竞争确实有很大的不同，并不是单纯的竞争。这种竞争一定存在着共同的利益和共同的目标，同时又掺杂着个人感情，或是部门间、上下级间的复杂关系。那么，同事间的竞争应该如何对待呢?

1. 展示你优秀的一面

展示你优秀的业务能力、沟通能力、团队精神，当你所拥有的这些能力明显优于你的同事时，就能体现你的优势。应通过适当的途径把它们展示出来。

2. 建立共赢意识

共赢意识是在追求共同利益的过程中，强调能够与竞争对手合作，共同促进目标更快更好地实现。这种竞争是在目标一致的前提下，相互配合，取得双赢的结果。

3. 不与竞争对手发生正面冲突

同事之间本来就是既存在合作又存在竞争，既要搞好团结协作，又要谨慎小心地守住自己的发展领域，在竞争与合作中寻求一种平衡。如果过分放大竞争心态，合作自然不会愉快。反之，在工作中以自我为中心，形成对峙的小团体，去争权力，争地位，必然会使团队受损，产生严重的内耗，伤了和气，导致团队从此一蹶不振。因此，应正视同事间的竞争，同事应当是互相尊敬的对手，而不是冤家对头，只有理清了这一点，才能与同事和平共处，你才能在事业上昂首阔步地前进。

4. 保持一颗宽容心

同事之间的竞争，不应该把对手理解为对头。著名数学家华罗庚说过："下棋找高手，弄斧到班门。这是我一生的主张。只有在能者面前不怕暴露自己的弱点，才能不断进步。"恶性竞争，心中始终充满了怨恨，将会导致无法安心工作。因此，面对同事之间的竞争，不如试着让自己拥有一颗宽容的心，以共同提高、互勉共进为目的，以积极的竞争心态投入竞争中。

5. 坦然接受竞争结果

在工作中，谁不想得到晋升，获得提薪呢？但现实中不可能每个人都能得到，于是就有了竞争。竞争总是要分胜负的，竞争中每个人都是平等的，有成功者，就有失败者，胜要胜得光明磊落，输要输个坦坦荡荡。同事之间的竞争，胜负只说明过去，他胜了，你向他祝贺，你要从中找出自己身上存在的缺陷和不足，以利于你以后的发展。法国启蒙思想家卢梭有一句名言："人啊，把你的生活限制于你的能力，你就不会再痛苦了。"说得就非常有道理。同事之间的竞争，竞争中是对手，工作中是同事，生活中是朋友。竞争后，胜者不必得意忘形，输者不必垂头丧气。

在职场中，竞争是无处不在、无时不在的。如果你能放下心中的敌意，从容地面对竞争对手，尽自己的努力，做到工作精益求精、人际关系和谐，从人群中脱颖而出，那么，其实你根本就不必同别人竞争什么。因为，你的表现已经向上司和同事们证明：你就是最好的。

批评下属对事不对人

很多领导在批评下属时，往往会因为情绪过于激动而使彼此难堪，最终问题也没能得到解决。所以，关注事情本身，解决关键问题，这才是领导要做的。

日本著名管理学家大前研一曾说："能做到对事不对人，就不会在乎自己的立场。因为事实出现之后，你就会忠于事实，坦然接受这个事实。不能忠于事实，不但无法洞悉问题的本质，也不可能走完找到正确解决方案的过程。"所以，领导批评下属时应尽量准确、具体，对方哪件事做错了，就批评哪件事，不能因为他某件事做错了，就论及这个人如何不好。比如用"从来""总是""根本""不可救药""我算看透你了"等言辞来否定人，都是不可取的。

为了找出真正的解决方案，领导必须站在没有偏见的立场上。可以批评某种行为，而不要批评某个人。对事不对人，强调的是一种公平原则，一种一视同仁的态度，从某种角度而言是对员工、对下属的尊重。而且对事不对人有利于形成一种公平的氛围，有利于公司理性健康地成长。

某位经理脾气比较暴躁，并且对工作总是一丝不苟，如果看到部门经理工作不负责任，或者令他不满意，就会情不自禁地当面指出来。

尽管经理这样做是为了工作，部门经理心里也明白，知道经理并不是责骂他一个人，但心里仍然不是滋味。

事后，经理冷静下来，知道自己太过于冲动了，其实这个部门平时工作是十分出色的，只是因为这种情况才有些小错，但工作成果还是可观的。

于是，经理马上进行了“补牢”工作。那天下班之后，他派人把部门经理找来说：“今天委屈你了，首先怪我太冲动没有详细了解情况，对你的责备不当，请原谅。不过，你们部门的工作仍需要提高，相信你能做到这一点。”

几句话使部门经理的心得到了安慰，同时又有一种被信任感，再大的委屈都飞到九霄云外去了。

批评下属本身是一件非常不愉快的事情，因此管理者要做的就是，努力让这次沟通变得卓有成效而意义非常。虽然批评别人对谁都是一件十分尴尬的事情，但是如果管理者掌握了批评的技巧，就能既达到批评的目的，又不伤害下属的感情。俗语说：“打人一巴掌再给一个甜枣。”虽然不能轻易地“打一巴掌”，但既然已经“打”了，给与不给“甜枣”效果便会大不相同。当你批评下属之后，特别是发了脾气、宣泄了情绪，心里有些懊悔的时候，不妨找个机会跟下属解释一下，顺便道个歉。作为管理者，想要指正及辅导下属，从而让他从错误中吸取教训，避免重复犯错误，同时要让下属没有抗拒心理，达成良性的互动沟通，确非易事。

如何让自己的批评和建议发挥最大的效用呢？这就需要管理者在与下属沟通时要掌握好批评的尺度，下面的几条原则可以作为参考。

1. 批评前，最好先打个招呼

比如，有的人做错了事，但本人并没有意识到。这时应当先通过一个恰当的时机，吹吹风，或指定与对方关系较好的人先去提醒他，使其先自行反省，然后再正式批评他，指出其错误所在。这样他不至于感到突然，有了心理准备，也就容易接受批评了。反之，如果对方尚未认识到自己有错，就突然给予批评，不仅会使人不知所措，还会怀疑你批评人的诚意，从而关闭接受批评的心扉。

2. 批评前营造一个好的批评氛围

比如，可以先讲自己的缺点和错误，这样对方就不会马上有戒备和防卫心理。这是因为你讲出你的错误，能给对方一定的心理暗示，说明你和他一样是犯过过失的人，这就会激起他与你的同类意识。在此基础上你再去批评对方，他就不会有损害面子的顾虑了，因而也就更加容易接受你的批评了。

3. 以真诚的赞美做开头

批评对方时，如果只提对方的短处不提他的长处，他就会感到心理上不平衡，并感到委屈。心理学研究表明，被批评的人最主要的心理障碍是担心批评会伤害自己的面子，损害自己的利益，所以在批评之前帮他打消顾虑，甚至让他觉得你认为他功大于过，那么他就会主动放弃心理上的抵抗，对你的批评也就更易于接受。

4. 批评最好是在单独相处时提出

当职员在工作中出现了失误，为了纠正错误而责备他时，一定不要在大庭广众之下。批评也不应在公众场合进行，尤其是不要当着他所熟悉的人的面批评。否则，会使对方感到面子受到了伤害，增加他的心理负担，影响批评的效果。

5. 批评要具体

管理者在对下属进行批评时一定要具体。管理者要让下属明白是什么事情需要批评，批评的原因又是什么。在批评时，管理者最好能与下属一起分析事情的原因，并指出正确的方法。为了让批评最终达到理想的效果，不仅要让对方有认错的态度，还要协助对方拿出改进的方案，这样才能让批评达到想要的效果。

6. 批评要公允

正确的批评应该做到“对事不对人”，这也是一条被无数事例所验证的法则。虽然错误与犯错误的人是密不可分的，但对事不对人的批评却更容易为下属接受。如果批评有失公允，势必引起被批评下属的强烈不满，甚至会产生对管理者的不信任。

7. 批评要因人而异

虽然说批评要对事不对人，但是事情的执行者还是人，所以我们就不得不考虑到人的因素，批评也同样需要因人而异。

如果明明知道某个下属的性格较为冲动，就不要过分批评他，而应该心平气和、语重心长；如果有的下属性格温和稳重，则可以顺应他的性格，娓娓道来。也就是说，管理者的批评风格应该尽量迎合批评对象，与他合拍。

8. 批评要及时

在发现下属有错误时，及时批评，不要拖延。有些管理者喜欢在批评的时候，附带一些下属之前的事情。这不仅加大了下属的对抗情绪，而且会使事情进一步恶化。

9. 批评切忌唠叨

批评下属的话不在多，而在精妙。有效的批评往往能一针见血地指出问题的实质，使下属心悦诚服，而唠唠叨叨的指责会增加下属的逆反心理，即使他能接受，也会因为你缺乏重点的语言而抓不住错误的症结。所以，要想下属能自我反省，承认错误，就不应太过苛求。

10. 以友好的方式结束批评

批评性的谈话，要尽量在友好的气氛中结束，可以对对方表示鼓励，提出充满感情的希望等，把话往回拉一拉，鼓励一番，放松一下，这是必要的。这种具有感情色彩的客观评价，往往能温热被批评者的心，使他们真心实意地吸取教训。

别忽视大人物身边的小人物

一位将军说过："永远不要忽视小人物的作用，有时候历史就是由一些不知名的小人物改变的。"对于小人物同样要认真对待，要知道，很多大人物都曾经历过小人物的阶段。能够慧眼识珠，能够在那些极具潜力的小人物身上下赌注的人，才能掌控未来。

有一名销售人员，专门推销办公用品。一次，他去一家私营公司推销办公桌椅。进了经理室，只见该公司总经理、后勤主管等领导都在，旁边还有一位正在打扫卫生的老伯。

于是，他娴熟地介绍了产品的样式、质量和价格，很快就使老总有了购买意向，并告诉他如果产品情况属实，便可以签订两万元的购货合同。眼看推销成功了，销售人员打心眼儿里高兴，他一边答应过几天送货质检，一边忙从口袋里摸出一包"555"牌香烟，给在场的领导们点上后，说了些客气话，便告辞了。

然而，当销售人员再来该公司联系送货业务时，后勤主管却告诉他，公司不打算要这批产品了。他问是什么原因导致公司改变了主意。对方直截了当地说："老总的岳父嫌你的价格过高，劝老总买别人的。""老总的岳父怎么知道我的货价高呢？""他岳父就是那个扫地的老伯！你的话他都听到了。"后勤主管看了一眼还没有明白过来的这位销售人员，说："谁让你小看人，少发一支烟呢？他说你这人眼皮往上挑，不实在……你说为了这点事，我们老总能得罪老岳父吗？”

红顶商人胡雪岩有着高超的交际手腕，总是让人叹服、臣服，而他的过人之处是：“对事情看得透，眼光够远，从不会轻视小人物。”在现实社会中，“重视大人物，轻视小人物”几乎成了一个约定俗成的潜规则。也许你只是因为一点家务事而心情不好，却把这种不良情绪带到了工作中，并且不加遏制地在下属中任意发泄，让这些微不足道的小人物成为“出气筒”“受气包”，当然大多数下属只能忍气吞声，但是，其中一些有个性且自尊心强的人会在某一天乘你不备时重创你一下。事实上，小人物并不“小”，他们很可能只是暂时没有发挥出自己的能力，一旦被放在适当的位置上，遇到合适的机缘，他们同样能够爆发出巨大的能量。

赖淑惠，中国台北“身心成长协会”的创办人。在她的事业起步之初，她曾经做过一段时间的房产中介工作。因为总是在各栋大楼之间穿梭，所以和每栋大楼的管理员都很熟悉。每次赖淑惠出入各栋大楼的时候，她都会非常礼貌而诚恳地和大门的管理员打招呼；有时候，管理员主动开门，赖淑惠还会开心地说声“谢谢”，并点头微笑。而且，很多时候当管理员们碰到有询问售房或买房事宜的人的时候，总是会介绍给赖淑惠。就这样她的业务量越来越大，在从业的第一个年头就赚了1000多万新台币。

拥有平和的心态，对他人的帮助心存感激，及时表达谢意，这既是个人应该具备的美德，也是处世的良方。在上面的例子中，赖淑惠作为一名房产中介，从事的是最为普通的工作，但她取得了非凡的业绩。

我们再以生活中最常见的业务员来说，一个优秀的业务员必须得到客户公司服务台小姐或接待人员的好评，才可能进一步达成期望的目标。其实，想获得对方的好感并不难，你不妨对她们说些能让她们感到高兴的话，如“你的发型变了”或“你的头发真柔顺哦，真希望我也能有你这样的一头秀发”之类令人听完之后感到颇为温馨的言语，倘若有机会，最好在适当的时机送份小礼物，就更能达到沟通的效果。

古人说“爱屋及乌”，这就是在告诉我们，与一位重要人物交往时，千万别忽视了他周围的人与物，不管那些人与物的地位有多低，你都要照顾好。永远不要忽视小人物，小人物也能坏掉大事情。所以，对于小人物即使不能够拿来为我所用，也不要轻易得罪他们，说不定哪一天，你心目中的小人物会在某个关键时刻成为影响你前程和命运的大人物。

一个雨天的下午，一位老妇人步履蹒跚地走进费城的一家百货公司。因为是雨天，客人相对较少，大多数服务员都在聊天，门口的一位服务员看了一眼这个衣着朴实的老妇人，怎么看都不像是一个要购物的人，便走开了。这时，另一位年轻的服务员很热情地上前询问老妇人有什么需要帮助的，当老妇人说只是进来避避雨，并不打算买什么时，年轻服务员并没有失望，他搬来了一把椅子，让老妇人坐下休息。雨停后，老妇人向他道谢，并要了一张名片。

几个月后，那位年轻的服务员收到一封信，信中邀请他前往纽约担任一家大型商场的经理。这封信正是那位老妇人写的，而她的真实身份是美国“钢铁大王”卡内基的母亲。那位服务员的职业生涯甚至人生，由此改变。

平凡的老妇人在其他人眼中被当成微不足道的小人物，却成了年轻服务员的贵人。而那些错过机会的服务员也没必要羡慕别人，谁让他们没有“慧眼识珠”的本领呢。不过，话说回来，年轻服务员的所作所为也不是建立在判断顾客身份的基础之上的，他只是不会像某些势利之徒那样，只对看起来像有钱人的顾客热情，而轻视那些所谓的小人物。正因为如此，他才能够被机会青睐。

因此，在与人交往中，既不要放过每一个大人物，也不能轻视、忽略每一个小人物。在小人物身上不经意地投入，有可能带来意想不到的连锁反应。

理智应对职场谣言

身在职场，当员工在公司搭乘电梯或小聚时，通常会谈论与工作相关的事情，其中的讨论自然少不了大量的传闻——如窃窃私语“两个部门将会在即将到来的收购中合并”，或者“员工利益将会削减”等。职场谣言还有恶意的一面——有些员工会运用虚假的信息来联合大家孤立一个特定的同事，同事也会传播流言蜚语来削弱彼此或报复上司。事实上，一项针对不同行业员工的调查发现，70%的员工承认他们散布过针对公司或同事的谣言。

苏珊毕业后进入一家销售公司工作，由于头脑灵活、积极肯干，业绩越来越好，这引起了张经理的注意，在完成几项大的任务之后，张经理提拔苏珊为部门经理，独立领导一个销售小组负责一个区域的工作。随着工作任务的增多，苏珊和张经理的接触机会也更多了，渐渐地，办公室就传出了他们关系暧昧的流言。

苏珊对此一无所知，但她觉得周围人的目光越来越怪异。有一次，一位年长的同事意味深长地对她说：“苏珊啊，多多注意在公司的影响啊！”这话让苏珊摸不着头脑，但明显感觉和同事相处的氛围越来越尴尬了，于是一天下班后，她和最要好的同事聊起此事。

那位同事很坦诚地把公司内部的流言叙述给苏珊听。苏珊听完后，吃惊得张大了嘴，气愤得半天说不出话来。苏珊是一个很要强的人，她不能容忍无凭无据的流言再继续下去。第二天，她就在办公室里公开宣布那些流言不是真实的，她和张经理真的只是工作上的关系，希望大家不要误会，更不要散布这种无凭无据的谣言了……

此后，苏珊在工作中有意地疏远张经理。即使如此，流言还是没有平息。万般无奈之下，苏珊提出申请：调换到另外一个部门。结果，她被调到了公司的售后服务部。可能是因为售后服务部所需要的耐心细致和苏珊的性格相去甚远，刚调到新岗位不久，她就因与客户发生争执被投诉。因为她在新岗位上表现不佳，新的流言马上又传开了。有人说苏珊以前在销售部的业绩，都不是自己做出来的，而是张经理帮的忙……最后，在种种谣言的影响下，苏珊有口难辩，无力还自己清白。她的情绪日渐低落，最后只能提出辞职。

心理学家认为，企业内部的流言蜚语之所以有市场，源于人是群居动物，有爱好闲聊、喜欢传递一些好奇或者隐私信息的特性。尤其在企业内部正式渠道不够畅通、每个员工所掌握的信息存在不对称性的情况下，这种流言蜚语就更有市场了。

在职场上，你总能听到与自己有关的谣言。有的人听了一笑了之，有的人却为此心中不安，甚至神经衰弱、彻夜难眠。谣言通常是一种揣测，不管揣测是对是错，我们大多都会感到不舒服，因为那不是我们主动想透露的事。办公室里最容易被流言击倒的是些什么人呢？不自信的人！因为对自己缺乏信心，会过分在意别人的评价，甚至可能会为了维护形象而做一些本来不愿做的事。比如，你原本在认真工作，同事却拉你去抽烟。如果你不去，别人会说“你怎么这么装积极啊”，你为了不被指斥为“装积极”，有可能就跟着去了。这样的人有趋同心态，担心“与众不同”是错误的，害怕“与众不同”会遭到贬低。这样的人遇到困难时，容易责备自己。遇到流言，他会归因于自己太出格，而没有想到是他人的原因。

其实，在职场中，对于成绩优秀的办公室职员来说，难免会惹流言上身，这是因为优秀者总难免受到大部分平庸者的打击和排挤，而流言正是平庸者惯用的招式之一。

同事每天见面的时间最长，谈话可能涉及工作以外的各种事情。许多爱说话、性子直的人，喜欢向同事倾吐苦水，虽然这样的交谈富有人情味，能使你们之间变得友善，但心理学家的研究指出，只有不到1%的人能够严守秘密。所以，当你的个人危机和失恋、婚外情等发生时，你最好不要到处诉苦，不要把同事的“友善”和“友谊”混为一谈，以免成为办公室的注目焦点。

当我们听到谣言时，就当它是一阵风，左耳听，右耳出，既不往心里去，也不要把它说给别人听。要知道，对于经常说别人是非的人，时间久了，大家都会对他敬而远之。不制造谣言，不听信谣言，也不传播谣言，是人际交往的一个基本准则，也可以作为职场中人安身自保的一种方法。

所谓“流言止于智者”，如果一直不知所措，你就无法全身心投入工作中去，要想打破这个怪圈，就应该积极应对。

1. 保持客观态度

对于流言，想了解真相，那就直接找当事人问清楚。倘若当事人承认，却表示你不可以传播，你至少可以厘清疑虑。当事人若不承认，不管他是不是骗你，那都代表着他的意念，你必须尊重并相信，接下来的任务就是闭嘴。

2. 保持镇定

对于无谓的冒犯与挑衅大可一笑置之，但事关原则的问题则不能不争。当然这个“争”，不是你死我活的争斗，而是有理、有节、有利的争取。当有人散布谣言，严重影响你的形象与尊严时，一定要选个合适的时间和场合，把自己的情况和想法讲一讲，使谣言不攻自破。注意避免报复心理，不要用攻击性的语言，也最好不要针对某人，只要达到澄清事实的目的就行了，否则会让人误以为你是在宣泄情绪，反而达不到你的目的。

3. 远离谣言

关于谣言，如果和你无关，你没有必要牵涉其中，“己所不欲，勿施于人”，如果你不先开口打听别人的私事，自己的秘密也不易被别人打听到。你以为议论别人没关系，可是用不了几个来回就能绕到你自己头上，引火烧身，那时再逃跑就显得被动了。

4. 寻求支持

当遇到存心刁难、拒不合作的人，你应该表现出你的诚意，同时让对方明白，这种无谓的对峙既浪费精力，又影响形象，对谁都没有好处。如果对方仍然执迷不悟，那就只能请上司来调解了。

5. 反省自身

“苍蝇不叮无缝的蛋”，流言的出笼是否真的与自己哪方面做得不妥有关？如果真的是自己哪方面处事不公、为人不仁，乃至做了有悖良心的事，不妨当面认错并改正，求得公众的谅解与支持，让流言降温或熄火。

6. 攻其破绽

流言最怕真理和阳光，摆出事实和真相，敞开大门说话，就会给流言以致命一击。当别人恶意攻击时，你可以气定神闲地说：“谢谢你这么关心我，但是有些事情我还不太清楚，你能说得更清楚些吗？”然后静等对方论证，直到他无话可说。

7. 沉默对待

鲁迅先生说：“最高的轻蔑是无言，而且连眼珠也不转过去。”对付谣言和诽谤的最好的策略就是别理它，坚决别理它。造谣者的目的在于挑拨离间。所以，当事人千万别上当，让那些人尽管去说，反正真正了解你们的朋友是绝对不会相信的。对那些造谣辱骂的人，沉默就是对他们最大的讽刺！

第六章

甜言蜜语，情场沟通不会失意

女人，一生都需要男人给予的浪漫，只有在男人营造的浪漫氛围中，女人才会觉得自己被重视和珍惜；男人，同样需要女人给予的呵护和缠绵，在女人的温存耳语中，男人才会舍得江山只要美人。甜言蜜语，是男人给予女人的最好礼物，也是女人征服男人的最强武器，沐浴在甜言蜜语中的男人和女人是世上最幸福的人！

小测试：你在约会时容易犯什么错误

让你感觉最糟糕的初次约会是怎么样的？

A. 对方问你一些非常隐私的问题　B. 对方不问你任何问题

C. 对方打断你的讲话　D. 对方让你想起你的前任的缺点

测试答案

选择A：你总是被许多人追求着、疼爱着，而你总是掩饰你自己的缺点，不想让别人知道。有时候，你在约会时太想表现得完美反而变得不像自己。约会的时候诚实一点，也许对方会觉得你的缺点很可爱、很有趣呢。

选择B：你非常了解自己，你可能不喜欢约会。和不熟悉的人约会总是有点怪怪的，但是化解尴尬、沉默的最好办法就是不断地问一些关于约会对象的问题。

选择C：你非常了解自己是什么样的人，你也不害怕被批评，哪怕对于你来说被批评是未来必然会发生的事。然而，初次约会是用来慢慢了解对方的开端，你在约会中过多谈论自己，显得过分熟稔并不是一件好事。

选择D：你非常吸引人，但是不认识的人会让你紧张，而你会觉得约会这个概念让你害怕（绝对不止你一个人这样觉得）。要记住这只是个约会，而且如果你花太多时间和精力在害羞上，那么你就永远都不会知道约会有多美好。

巧妙表白，向他道出爱的宣言

生活中，如果你悄悄地爱上了某个异性，那么该如何向你的心上人表达呢？其实这是许多青年男女常常碰到的难题，向对方表白吧，又怕是自作多情，所以只好保持缄默，心中暗自着急。其实，向心上人表达爱情的方式是多种多样、异彩纷呈的，只要你善于细心观察，随机应变，及时捕捉爱的火花，总会找到恰如其分的时机和方法。

在现实生活中，我们也能经常遇到这样的求爱场景：在广场上用玫瑰花、蜡烛摆成心形，然后唱着王菲的《我愿意》，或者打着一条大大的横幅，上面写着“××，我爱你”，更大的场面还有花巨资把广场上的滚动字幕包下来，上面只写几个字：“××，我爱你！”这些热烈的场面足以让人感动流涕了。

除了这种温馨的场景以外，还有一则关于“血书”示爱的事例。

2016年5月31日，四川小伙小王报警，称有一女子割破手指在其家门口写“血书”表达爱意，女子扬言见不到他便割腕，小王吓得报警。

这样的爱情表白痴情动人，却是血淋淋的。想必天下大多数理性的人都不敢消受这份所谓的“爱情”。

年轻人应该理智处理感情，树立正确的爱情观。“敢爱敢恨”“大胆表白”其实并不是一种成熟的表现。毕竟“爱”是一个神圣的字，意味着追求，也意味着承诺，甚至体现出一种责任。当你爱上一个人的时候，并不是你向世人大声宣告你的爱，就代表你多么爱他（她），很多时候，含蓄的爱意更让人感动。

很久以前，在一个秀美的小山村里，一位勤劳英俊的小伙子爱上了村里最温柔美丽的姑娘。

一天，小伙子假装借东西，来到姑娘家中，看见姑娘正坐在火炉边烤玉米。

小伙子走到火炉旁，故作惊讶地说道："你家的火炉跟我家的火炉一模一样。"

姑娘被小伙子的话逗笑了："你真逗，都是火炉，能有多大的区别呢？"说着，姑娘从火炉里取出烤好的玉米，递给小伙子吃。

小伙子开心地接过玉米，并深深地用鼻子吸了一口气，赞叹道："好香的玉米啊！"

姑娘笑着说："快吃吧！有好多呢！香就多吃点！"

小伙子问："那你觉得，你要是用我家那个一样的炉子，也能烤出同样香甜的玉米吗？"

姑娘听出了小伙子的意思，面带红晕地答道："我想我可以去试试。"

小伙子含蓄幽默地表达了自己的爱意，姑娘读懂了其中的意思，同样含蓄地给了回答，如此微妙又暧昧的谈话，是否比那些直白的表白多了点情趣和韵味呢？

当然，在含蓄幽默地表达爱意时，不一定非要拘泥于言语的表达，有时候，用一些有意思的道具或许效果更佳。革命导师马克思与他的爱人燕妮的爱情就被传为佳话。

马克思的爱人燕妮是特利尔城里有名的美女，两人相识时马克思四岁，燕妮八岁。他们是儿时的邻居，并在那是建立了深厚的感情。马克思曾经说过："在我看来，真正的爱情，表现在恋人对他偶像采取含蓄、谦恭甚至羞涩的态度。"含而不露的表白方式是指用不包含"爱"的语言，表达爱的情感。用含蓄的方式发出的信息比较模糊，不至于对方一拒绝就无法挽回。即使被拒绝，也不至于使双方都十分尴尬。马克思在向他青梅竹马、从小一起长大的燕妮表达自己的爱情，求婚时说：

“我已爱上一个人，决定向她求婚……”

此刻，一直深爱着马克思的燕妮急了，她问：“你能告诉我，你选择的恋人是谁吗？”

“可以。”马克思一面回答一面将一个小方盒递给了燕妮，“在里边，等我离开后，你打开它，便会知道。”

马克思走后，燕妮怀着忐忑不安的心情，小心翼翼地打开小盒子，里面只有一面镜子，镜中照出了自己美丽的容貌，燕妮顿时恍然大悟。

他们终于在1843年结婚，并相守一生。

如今的年轻人喜欢追求率真和自由，在表白爱意时，可以采用以下几种方式，让你的表白效果更佳。

1. 直接倾吐

用这种方法表达爱情十分简明、直率，不虚伪造作，大胆而毫不保留地向对方表达自己的爱慕之情。一般而言，性格开朗、喜欢开门见山地表达思想感情的人宜采用此法。对于交往比较深，有一定的感情基础，尤其是已经暗地互相倾慕，只需捅破那层纸的双方来说，这种方法更为有效。

2. 委婉表达

漂亮的某女生暗恋上了某男生。虽然他们一起上课，却没有说话的机会。眼见课程就要结束，以后再也没有一起上课的机会，某女生便趁某男生周围没有其他同学的时候，跑过去对他说：“你好，我见你也经常去图书馆上自习，以后我们可以一起上自习吗？”某男生看着眼前满脸通红的这位女生，马上明白了她的意思，犹豫了一下，马上点头。从此以后，两人经常一起上自习，出双入对。

某女生这种表白爱意的方法是很多人广泛采用的，虽然俗套却屡试不爽。因为是第一次搭话，某女生当然不敢贸然表达自己的爱意，于是就找了以后一起上自习的借口，为自己创造机会。某男生自然明白某女生这句话背后的潜台词是“我们可以做朋友吗”。这样的表达比那些直白地表达爱意的效果要高明、有效得多。既不会让男生感到尴尬，又无伤自己的面子，即使遭到拒绝，也不会因此下不了台，还可以使对方倍觉爱情的神秘与甜蜜，也能在一定程度上体现你的水平。

3. 借助礼物含蓄表白

借物传情是表达爱意最为广泛的一种方式，也是最为悠久的一种表白爱意的方式。

女生萱萱与男生阿强交往已经很久了，但是两人的性格都很内向、腼腆，谁都不好意思先把这层窗户纸捅破。偏偏阿强又十分优秀，倾慕他的女生极多，萱萱心里着急，却又不知该如何表达。

情人节快到了，萱萱终于想出了办法，她到礼品店选了件小礼物，又买了张贺卡，签上自己的名字，送给阿强。阿强拆开盒子一看，原来是一颗银质的被分成两瓣的“心”，阿强拿起两瓣“心”拼到一起，竟听到“心”中传出来话语“I love you”。难怪萱萱送的卡片上写着这样的话：“听见我的心对你说的话了吗？好久了，我一直想对你说，今天终于说出来了，你能接受我吗？”

当然，阿强接受了萱萱的爱。萱萱通过情人节的这份巧妙的礼物，俘获了对方的心，赢得了属于自己的爱情，更为自己赢得了幸福。

双方心迹都已清楚，可是又不敢直接向对方表白，这时可以将寓意深刻的小礼物送给对方，对方就会仔细琢磨，最后一定会从中发现你想说的话。

4. 经常联系

说白了，感情就是不联系就会没有的东西。多和你心爱的他（她）联系，没事打个电话、发个微信，或许就会收获属于你的一份甜蜜爱情。

爱情里可以有善意的谎言

在许多人眼中，谎言就是一个充满了欺骗的字眼。但有时候它呈现出来的却是爱与宽容、尊重和温暖。生活中总会有很多善意的谎言，有时候我们无法承受谎言而选择相信，尽管我们知道一切只不过是一个谎言，但仍然愿意去追寻。

善意的谎言是维系感情的小秘方，善意的谎言是出于美好愿望的谎言，这种谎言不是欺骗、不是居心叵测。当我们为了他人的幸福和希望而适度地扯一些小谎的时候，谎言就能促使人坚强执着，去努力去争取，最后战胜脆弱，绝处逢生。

斌和姗青梅竹马，他们一起学习、一起长大，考上了同一所高中、同一所大学，并在大学成为男女朋友。

毕业后，斌由于最初的一份工作不是很顺利，在和上司吵架离职后干脆迷上了网络游戏，整日沉迷其中不能自拔，就这样浑浑噩噩过了半个月时间。姗以为男友在消沉一段时间后会整理心情重新开始工作，结果男友却丝毫没有改变的样子，她再也忍不住了，连哭带劝地对斌说："你不要这么沉迷游戏了，再这样下去，我们就没办法生活了。"斌答应了。

然而，由于找新工作并不顺利，斌又气急败坏地玩起了游戏，甚至还跑到网吧里玩了一天一夜，这次姗生气了："你还是个男人吗？你还有责任心吗？像这样一天到晚就知道在网吧里玩游戏！我们的未来在哪里呢？你想过吗？"

斌默默地回家了。

过了几天，当斌又准备去打游戏时，姗再也忍不住了：“斌，我们分手吧！”男孩听了很激动地说：“为什么要分手？”“我已经不想再和一个沉迷游戏、没有责任感的男人在一起了！”斌哭了……没了经济来源，他被迫寻找工作，就算再卑微的工作他也不再挑剔了。三个月后，斌的工作渐渐步入正轨，有了稳定的收入……

半年过去了，斌时常想起姗。经过多方打听，他终于找到了姗的新地址。怀着惴惴不安的心情，他敲开了姗的家门，二话不说就把姗搂进怀里，说：“姗，当初是我辜负了你，是我不对，谢谢你当初和我分手，不然我还在网吧里沉迷游戏呢。现在我有工作、有收入了，而且我还爱着你，我们和好吧，行吗？”姗笑着说：“傻瓜，当然行！但如果我当初不和你分手，你怎么会乖乖地去找工作，赚钱生活下去呢？这是我给你的最善意的谎言。”

这就是善意的谎言的力量，我们也会因为善意的谎言而感动。因为有时，善意的谎言需要承受太多外来的压力。诚实是做人的根本，但是，在现实社会中，很多情况下我们必须学会撒谎。适当的时候，我们要说一些善意的谎言。一些善意的谎言能让我们以及爱我们和我们爱的人生活得更美好。

一位德国的心理学家在经过多年的研究后得出结论，坦诚相待与美满的夫妻生活是一对难以协调的矛盾，如果希望在相濡以沫的漫长岁月中保持美满的夫妻生活，善意的谎言和适度的欺骗是不可少的。

很多人总是标榜自己是一个老实人，不会说谎，然而这并非一件完全的好事。假如你的女朋友指着另外一个漂亮的女人问你，是自己漂亮还是她漂亮，你当然要毫不犹豫地回答：“还是你漂亮。”尽管这也许是一句假话，但是。多生是非有什么意义呢？

欣欣总是追问老公大强：“你过去的女朋友长什么样？她比我漂亮吗？你当时是怎么追她的？”对于老公大强之前的一切，欣欣永远都充满了好奇心，哪怕大强已经交代了很多次，只要闲聊总还是会谈及。大强不胜其烦，不理这个话题吧，欣欣会耍小脾气，但一遍一遍地重复可真够烦的。最要命的是，如果在某个细节上说的和上次稍有出入，老婆欣欣绝对会像神探一样穷追猛打，弄得大强苦恼不已。

后来，大强终于想出了应付欣欣的绝招，每次只要欣欣一问及这些问题，大强都会以极为平淡的语气说："跟你说，过去的任何一个女友都没你漂亮，没你体贴。你永远都是我最好的老婆。"其实，大强心里暗笑说，自己大学的女友是南方的女孩子，身材娇小玲珑的，是他所有女友中最为刻骨铭心的一位。当然，这些话是不能说出来的，如果说出来肯定会惹欣欣生气，甚至还会危及家庭生活。大强这种善意的谎言就不失为明智之举。

爱情是容不得一粒沙子的，来不得半点杂质。所以，开诚布公对于爱情来说并不是一件好事。如果你掌握了善意的谎言这门技巧，那么不妨说些肉麻的奉承及看似不经大脑的承诺，学会讨好你的爱人。

生活如同一团乱麻，总会有许多的小疙瘩。在很多事情面前，任何人都不可能做到心如止水。夫妻间的幸福美满、和睦相处，只有通过坦诚与谎言并存的方式才能维系。

生活中需要某些善意的谎言来安慰自己，也需要在适当的场合有一些不同的选择。每个人都会存在这样或者那样的缺点，这些缺点都不可避免地进入到婚姻里。做一个诚实的人是人性当中最朴实的本质，但在现实生活中似乎不可能做到完全诚实。有些善意的谎言我们不得不说，但也不能抛弃人性的真善美，不能把谎言当成一种习惯。每一个人都有自己为人处世的原则，做不了一个完全诚实的人，那就做一个言而有信的人吧！

真诚地赞美你的爱人

卡耐基曾经说："女性天生就渴望被人赞美，这几乎成了她们生活的全部乐趣。和女性相处时，千万不要忘记赞美她们。"对于女人来说，男人一句真心的赞美，胜过任何精美的礼物。

在法国，上层社会的男人不但对女人的衣服、帽子表示赞美，而且一个晚上还不止赞美一次，而是好多次。5000万的法国男人都在这么做，这也难怪法国被称为"浪漫之都"了。

你为什么不这样对待你的爱人呢？下次，当她端上烧的饭菜，哪怕是饭烧煳了，菜烧焦了，你也应该做出若无其事的样子高兴地把它吃下去，只有这样，妻子才能在下一次更努力地去学习、去改进。让她知道你对她的欣赏，欣赏她的手艺。或者，正如得克萨斯·吉恩经常说的："大大地夸奖那个小女人。"

如果你想这样做的话，就不妨让她知道，她对于你的幸福和快乐是何等的重要。狄斯累利，19世纪下半叶英国著名的资产阶级活动家、政治家和文学家，保守党领袖。他三次出任财政大臣，两次出任首相，是维多利亚女王时代英国最重要的首相之一。这样一位赫赫有名的大人物，即使面对全世界的人，也会毫不害羞地承认"非常感激那位小女人"。

艾迪·康德曾经说过："我从我爱人那里得到了许多帮助，比从世界上任何其他人那里得到的都要多。在我年轻的时候，她是我最好的朋友，帮助我努力进取。我们结婚之后，她省下每一美元，拿去投资、再投资。她为我积累了一大笔资产。我们有五个可爱的孩子，她为我建造了一个温暖舒适的家。假如说我有所成就的话，全都归功于她。”

罗伯特是纽约的一位作家，许多人羡慕他娶了一位美丽聪慧的太太。而这位众人心目中的好女人，认为罗伯特是世界上最好的丈夫。因为每当他有新书出版，总不忘在首页写下“献给珍妮——我的爱人，我生命的全部”这样动人的句子。

在好莱坞，婚姻是一件冒险的事，因为它意味着要放弃事业，远离受人关注的电影舞台，这会让人产生巨大的心理波动。但是巴克斯特的婚姻，却是少数几个特别幸福的婚姻中的一个。巴克斯特这样说：“她虽然失去了舞台上无数的掌声和赞美。可是现在，我时时刻刻在她身旁，她随时可以听到我那发自内心的由衷赞美。”

赞美爱人可以加深双方的感情，是对爱人的认可和珍惜。那么，赞美爱人可以从哪些方面入手呢？

1. 赞美爱人的外表

对于男性，你可以仔细观察一下他让你愉悦的细节，比如修长有力的手、迷人的微笑、某天帅气的穿着等，这些都会让他感到高兴。

对于女性，一般都很在乎自己的长相和美貌，如果爱人能从相貌上加以赞美，她会更自信。

2. 赞美爱人的能力

对于男性，你可以称赞他的上进心、工作能力，称赞他为家人创造高质量生活的能力。对于男人的付出你要及时赞美，你会发现，男人的自尊心与他们的养家能力密切相关。

对于女性，无论她擅长某项运动、某项才艺，还是持家有道、厨艺了得、孝顺双亲等方面，她一定有她的长处，或许这些在你的心里都认为是应该的，但是如果你能用赞美的方法说出来，她以后就会做得更好，你也就少了后顾之忧。

3. 肯定爱人的幽默感

即便对方讲的笑话，你刚好看微博的时候已经看过了，也别轻易打断，微笑听着就好。如果笑话真的很可笑，就和对方一起开怀大笑吧，人生需要真性情！

4. 开口请爱人帮忙

对于女性来说，当你在生活中遇到扛煤气罐、电脑装系统、车子出故障等问题时，皆可打个电话给你的男友，让他来干！

调节情绪，玩笑让感情变得更甜蜜

每个人都希望自己活得开开心心、快快乐乐，有谁不盼望自己笑口常开呢？有道是“笑一笑，十年少”，笑，使生活变得轻松，充满阳光；笑，是生活的增味剂。正因为笑在人的生活和社会交往的过程中具有不可缺少的作用，才有了人们制造笑的手段——开玩笑。

会开玩笑的人，往往妙语连珠、笑料频频，使人们在玩笑中捧腹，在捧腹中消除疲劳，增进了两人之间的感情。情侣间的玩笑可以活跃气氛，调节情绪，使两人的感情更进一步，更可在出现问题的时候化解矛盾。

小米是一个迷迷糊糊的女孩儿，她与男友约会时，常常因为自己丢三落四，而迟到半个小时。

第一次，小米迟到了，见男友似乎是等急了，她自我责备道：“我迟到，我有罪，我罪该万死！”

男友见她这样自责，哪里还舍得责怪她。

第二次，小米又迟到了，这一次，她转守为攻，耍赖道：“一定是你的表拔快了半个小时！”

男友每次都被她逗得又气又笑，不过，这天底下，又有哪个女孩儿约会从未迟到过呢？于是，男友也不再计较，甚至开始好奇，下一次小米迟到，又会说出什么样好玩的借口给他听。

开玩笑是一件很有意思的事情，小米逗笑男友的同时也让男友原谅了自己，避免了争吵与摩擦，值得恋爱中的男女学习。但是，你的玩笑千万不要开大了，如果触到对方的忌讳或者弱点那可就得不偿失了。只要你能把握玩笑的度量和火候，那你俨然就是一个幽默大家了。既能博得伴侣一笑，又调剂了平淡无味的生活。

一个朋友的生日派对上，大家喝酒、聊天，玩得十分高兴。

这时，阿天问阿明说："听说你的女朋友是个'河东狮'，在她面前，你像一只小绵羊？"

阿明一摆手，趁机吹嘘道："开玩笑？我是小绵羊？她见了我就像见了老虎一样。"

谁知，这句话说出口之后，竟被不远处的女友听见了。女友走过来，责问他："你跟我说说，谁是老虎？"

阿明嘿嘿一笑，讨好道："我是老虎，你是武松还不行吗？"

案例中的阿明正吹牛，却被女友逮个正着。可是阿明很聪明，巧妙地运用"武松打虎"的典故，将女友捧到更高的位置，不仅避免了冲突，还给足了女友面子。面对"野蛮女友"，这一招可谓百试百灵。

恋人之间的相处，应该是甜蜜幸福、轻松愉快的，但有时，两人因某些认识、习惯等方面的不同，还是会发生一些摩擦与矛盾。既然摩擦、冲突不可避免，就应该运用幽默的技巧，让那些摩擦冲突在欢乐的氛围中缓解、消失。

恋人间开玩笑的度在哪里，很多人都不明白。也许有些禁忌是不能触碰的，某些东西不说，并不表示不存在，其实它一直静静地在那里，像人的虚荣心，总会时不时地冒个头出来，吐个泡。不要以为时间久了就会淡忘，既然两人都没有患失忆症，有些事情又怎能当它不曾发生过，只是不愿去庸人自扰罢了。发生即存在，有时候一句玩笑话就能让二人沉默，然后开始难过、自责。

注意调节情调，可以使你们的生活洋溢着温馨，让两人世界充满愉快的笑声。那么，日常生活中，我们该如何下手，才能让恋人情感更加甜蜜呢？

1. 培养共同的兴趣爱好

不可否认，即便谈恋爱，你也还想做你自己，不愿放弃自己的爱好，不愿改变自己的性格。但是，在不改变彼此的同时，你应该注意和恋人培养共同的爱好，这样可以让感情更亲密。

2. 让自己变得搞笑一点

恋人之间的生活不应该是死板的、乏味的．善意地开开玩笑，不仅会让生活更加诙谐、有情趣，还能平息争吵。

3. 欣赏你的爱人

生活中到处都有美的存在，只是缺少发现美的眼睛。没人喜欢找碴儿挑刺儿！不要每次觉得恋人做错了就责怪不已。如果恋人伤害了你的感情，可以委婉地说出来；如果恋人做错事，可以指正出来。但是，千万不要因为恋人打碎了一个盘子而朝他大吼大叫，相反，你应该感谢他帮你洗碗——哎呀，肥皂水容易让手打滑嘛！这样说，他会心存感激的。你能看到彼此关系的积极面，这种积极和赞扬也能赶走消极情绪，让你一直开心快乐。要记住“再怎么欣赏你的爱人都不为过”。

4. 彼此信任，给予原谅

人无完人，每个人都有优点，也有缺点。面对爱人的缺点要宽容，然后忘记它们。两个人难免会为一些无所谓的事情争吵甚至耿耿于怀，但这样对感情关系毫无益处。哪怕事关重大，吵完之后你也得原谅对方。你可能会觉得对方辜负了你的信任，但如果不给他一次机会，接下来的关系肯定会尴尬别扭。这将成为一个豁口，因为你不再信任对方，觉得任何时候只要你一转身，他就会做出伤害你的事来。而且相应地，对方也觉得这段关系再也没有爱情可言，因为他从来没觉得被原谅过。请放宽心去爱吧！请真心原谅对方、真诚信任对方吧！

5. 怀念往昔美好岁月

回忆总是充满淡淡的迷人花香，所以当那些岁月已然陈旧的时候，不妨重新回顾一遍，回忆那时的甜蜜过往，会让彼此之间感到心满意足、激情澎湃。

爱情是需要经营的

爱情需要经营吗？回答是肯定的！经营与金钱无关，对爱情来说，经营是治理、管理的意思。至于爱情，在此用到经营二字，是这样的一种心态：不把爱情当成一种附属品。人的一生，谁不渴望爱情？现代人，有太多的无奈，所以会有很多人自我解嘲说："爱情于我太奢侈了。"倘若我们静下来好好想一下，其实，我们是需要爱情的。

当恋人决定牵手的时候，就开始了一段爱情，仿佛二人于无形之中已经签订了君子协议一样，彼此相互精心地呵护着这份真挚的感情。爱情的确妙不可言。然而，如果爱情只追求表面，没有牢固的基础，那么它就像雨后的彩虹，大多来得快去得也急，往往转瞬即逝，甚至分手后成了熟悉的陌生人。爱情的保鲜期很短暂，而且非但短促，爱情其实还很脆弱——爱情是易碎品。

曾经有一对年轻的恋人，他们在大学的时候相遇，然后，开始渐渐地约会，慢慢相爱了，既没有一见钟情的激动，也没有花前月下的浪漫，他们总是默默地用自己所有的东西，爱、真诚和信念来支撑着对方。

男孩的家里很贫穷，女孩的家境一般，两个人有时候常常为吃什么而争吵，女孩总是小心地算着男孩的钱，想尽一切办法让男孩省钱，可是女孩越是这样，男孩越感到愧疚。

有一次，传统的情人节那天，他们去外面逛街，当他们走过一家花店的时候，看到一对对情侣在店里挑花，男孩摸了一下口袋里的银行卡，对女孩说："等我一会，我去取点钱，给你买花。"女孩一把拉住了男孩的手，幽幽地说："不要了，我不要。那是你的学费啊！"男孩无奈地叹了一口气，女孩说："没关系的，我们有存折的，我们有一张爱情存折。"男孩猛然抱起女孩，在原地旋转……

几年后，他们一起毕业，一起工作，又一起下海，渐渐地有了房，买了车，男孩不再为买一束花而犯愁，女孩也不再阻止男孩为自己买花了。

结婚后，他们在一起的时间短了，男孩一个人开始经营事业，女孩身体不好，在家收拾房间，给男孩做饭。男孩回家的时候，女孩总是给男孩一个微笑："亲爱的，今天过得还顺利吗？我给你做好饭了，我们一起吃饭。"

男孩每次上班的时候，女孩总是送到门口，拉着男孩的手说："我等你回来！"

长年如一日，他们依然保持着大学时代的那份亲密与纯真，男孩每次出门的时候总是带着微笑，在公司的时候总是会想到女孩的笑、女孩的温柔，每次回家的时候路过花店，男孩总是静静地回味几年前的那个情景。

在他们结婚三周年的时候，男孩凭借自己的努力，事业更上一层楼。那天，男孩带着女孩去了花店，女孩说："我不要花。"男孩说："不，我不为你买花，我为你买下了整个花店。你大学的时候不是一直想毕业后经营一家花店吗？我们一起来经营它，让这里的花开得最好、最香，像经营我们的爱情一样。"女孩听完男孩的话，扑到了男孩的怀里，幸福的泪水静静地流下来……

爱情就像一粒发芽的种子，只有用心去浇灌、去呵护，才会长成参天大树。很多情侣分手时，都说败给了现实，败给了时间，败给了……其实，很多时候是败给了自己，败给了自己不会经营爱情。

人和人越爱越浅，但情意越来越深。爱得久了的爱情就成了融入彼此血液的亲情。虽然有时候没有言语，但是彼此早已有了心灵的默契。生活不是激情，爱情也不是不再新鲜，其实一切都在于你是否去用心经营，就像做生意一样，爱情也可以被你经营得有板有眼，有声有色，蒸蒸日上。

没有一段感情可以永葆激情，所以爱情也会在经历狂热之后慢慢退热。我们要把爱情当作氧气用来呼吸，不能把爱情当成游戏只寻求片刻的快意。当两个人在一起久了，双方都应该尽量去制造新的激情，去开拓新的话题或者培养共同的乐趣。所以请记住：有活力的爱情，是需要适度殷勤灌溉的。

在爱的同时保持自我

女诗人舒婷在《致橡树》中是这样描绘爱情的：“仿佛永远分离，却又终身相依。”——爱情其实也需要留有呼吸的空间。

很多人都有这样的经历，恋人已经说出分手了，却还是对恋人念念不忘。他宁可失去尊严，也不要离开恋人，他们认为为恋人付出和改变了那么多，凭什么恋人说完就完？更有甚者为爱情奉上了宝贵的生命。

小帆得知老公出轨并要和她离婚，苦苦哀求无果后，跳楼自杀身亡，以如此惨烈的方式结束自己的生命，令人扼腕叹息。

她的丈夫早年下海经商，生意做得风生水起。她则辞职在家当全职太太，相夫教子，在柴米油盐中渐渐丧失了自我。她的丈夫慢慢地不愿意带她一起参加聚会，后来便有了外遇。

小帆因为迷失了自我，失去了对丈夫的吸引力，进而导致悲剧发生。可见，两个人在爱的同时一定要保持自我，给自己留点自尊。两个恋人在一起，就像两种无法迅速融合的液体，把它们倒入同一个杯子中，它们需要时间来融合，只要时间足够，总有一天会融在一起分不出彼此。

勉强得到的爱只是一种廉价的施舍，施舍的感情根本没有任何意义。如果勉强维持一份已经不对等的感情，一厢情愿地付出，根本不是爱，又何谈幸福呢？为一个不爱自己的人伤心，是绝对不值得的。一个真正爱你的人，他会尊重你、欣赏你，而不是挑剔你。无端地挑剔，或许只是他想和你分手而又不想承认的借口。如果在他找借口甩开你的时候，你还要苦苦哀求。你的委曲求全除了让他认为你是不值钱的廉价物之外没有任何意义。别人已经不爱你了，在心里不尊重你了，你却还要赶着让人贬低，这到底是爱还是自虐？如果你想得到真爱，就一定要记住，在爱情里，永远都要做个有尊严的人。

求来的爱情是虚弱和苍白的，如果是自己的错，那我们没有责怪任何人的权利，如果是他的无情，那痛心的更不应该是自己，你失去的是一个薄情寡义的人，而他失去的则是一个今生永远爱他的人。或许他此刻不再爱你，但总有一天他会记起你曾经的好。

人要学会爱自己。懂得自我投资，不但要在物质上满足自己，更要不断提升自己的内涵，一辈子都要保持学习的热情，培养兴趣爱好，才能成为更好的自己。人需保持自我本色。不要与社会脱轨，要有独立的人格，有追求和目标，努力去实现自己的人生价值，活出生命的精彩来。婚姻不是生活的全部，保持自我本色，做到人格独立、经济独立，即便有一天，对方离开自己，也能好好地活下去，拥有属于自己的精彩人生。

从古到今，各种各样的爱情故事数不胜数。人世间永恒的真爱还是存在的，要相信真爱是平等的。如果可以看透红尘，不再为爱偏执，不在一棵树上吊死，又何须躺着去换爱情，跪着去求爱情呢？人，只有先爱自己，才会让恋人更爱你。

爱情只是生活中的一部分，如果将爱情看成生命的全部，那就很容易在情感中迷失自我，容易在这段感情中受到伤害。

人一旦恋爱了，就容易失去自我。自古就有“英雄难过美人关，一见良人误终生”的说法。恋爱容易使人头昏脑热，低到尘埃。每个人都逃不过这样的宿命。那么，如何在恋爱中保持自我呢？

1. 每个人都是单独的自己

每个人都是单独的自己，不会因为没有了谁，就活不下去。没遇到之前不一样活得好好的，生活还是要继续，没有什么比活下去更难。

2. 发表自己的意见

不要总是倾听，你也要被倾听。假如你现在已经成了一个不经常发表观点的伴侣，多半时间在听从对方的指挥，那么你很难改变这个现状。因为一旦你有了自己的主张，否定对方的主张，对方就会认为你不爱他了。不如坐下来跟他好好谈谈，告诉他你已经迷失的自我。

3. 适当地保持经济独立

靠山山会倒，靠人人会跑，唯有靠自己，才不用担心自己会被抛弃，才能在经济上独立，不用委曲求全。

4. 有时间多陪陪家人

不能在恋爱的时候，花掉所有的心思和时间。要想想家人及自己的朋友，他们是你背后的支柱，所以也要多陪陪他们。

5. 有自己的兴趣爱好

好的爱情，会让你变得更好，让你认识到自己的不足，并且花时间去完善自己，让你有自己的兴趣爱好，并且能够维持。

6. 不要害怕争论

在恋爱关系中，吵架是一种重要的信息交流方式，有些想法我们只在生气或大发雷霆的时候才会说，也只有在这种时候，我们交流的信息才是完整的，我们才能完全理解对方。更重要的是，吵架证明爱情双方都是有思想、有自我的，正是因为思想和自我的碰撞才会有争吵。相反，如果爱情的一方害怕争吵，一直忍辱负重，他多半会迷失自我，最后把自己搞得疲惫不堪。

7. 学会说“不”

没有自我的人才会答应别人的所有要求，假如对方总是向你发号施令，要学会在恰当的时间说“不”，这样可以渐渐地提高自己的地位。

掌握分寸，谈情说爱也有忌讳

两个人在一起，就是为了开心快乐，但是不知为何，总是被一些小事闹得两个人都不高兴。明明什么事都没有，却无故争吵起来，或者各自生闷气互不理会对方。陷入爱河的人们，发生这些问题，可能是在恋爱过程中踩到了忌讳。那么，谈恋爱时要注意哪些事项呢？

1．不要把话说绝

绝话是爱情的劲敌，是分手的催化剂。即使最亲近或最亲爱的人，都有产生摩擦和矛盾的时候，应该冷静地对待。如果你还爱着对方，那些不该说的话千万不要出自你的口，如“我恨死你了”“我认识你后悔死了”“我们分手吧”……你们是因为爱才在一起，如果不是因为出轨或者严重的欺骗，请不要轻易说出这些话，当双方处于盛怒状态时说出来，为了不在气势上输给对方，另一方往往会随口爽快答应。等冷静下来时，又会感到非常懊悔，但常常会因为拉不下面子，求对方原谅，而错过一段本来美好的姻缘。

2．不说揭人短处的话

情侣之间，贵在相互理解，相互尊重，相互赞美。要学会发现和欣赏对方的长处，还要谨慎地揭示和批评所爱的人的短处。人都有自尊心和荣誉感，不适时、不适地地揭人短处，会造成适得其反的效果，引起不必要的误会，甚至产生感情隔阂。

3．不要翻旧账，反复追问

如果对对方存有疑虑或者担心，可以向对方询问一些问题，但是，对方一旦给出了明确的回答，就不要再刨根追问下去了，否则只会使对方反感。此外，情侣之间就算吵架，也应该就事论事，而不是互相翻旧账，将之前的事和现在的事合并算账，这往往会加剧彼此的矛盾，刺到对方的痛处。

4．不说挫伤对方自尊的话

俗话说："人要脸，树要皮。"尊严对一个人来说是相当重要的。"士可杀，不可辱""人活一口气"说的都是这个道理。恋爱中的小情侣会随着关系的逐步加深，言语也变得随意起来。但也需要把握一个度，就如同刺猬理论一样，如果超过了一定的度，就会刺伤对方，言谈不当就会伤害对方的自尊。尤其是在有外人的情况下，更要尽力维护对方的尊严。自尊是做人最基本的条件，是一个人的颜面，践踏他人的尊严，就是对他人的蔑视，后果是非常严重的。

5．不说侮辱对方父母的话

作为孩子，谁都不喜欢听到别人当面品评自己的父母，哪怕是恋人也不例外。情侣关系是一种亲密的人际关系，彼此之间应该无话不谈，知无不言。但是不能因为这样就不注意说话的艺术，如果太随便了，不理会那些明显的禁忌，只会心生嫌隙。两人之间的感情越深，那些伤人的话的威力就越大。不要以爱之名去说毫无分寸的话，那样往往会伤害到你最深爱的人。此外，情侣之间吵架无论吵得多激烈、多凶，那也是两个人的事，不要涉及对方的父母，也不要说一些侮辱、诋毁对方父母的话。

6．少说埋怨对方的话

互相埋怨，互相责怪，是情侣的大忌，似是小事，却不可等闲视之。一对情侣相处一长，会发现对方的不足和缺点，甚至还有做错事的时候。自己要大度、有气量，要学会宽容，多体谅对方，尽量不在人前数落对方。只要不是故意的，对方愿意改正错误，就没有必要纠缠着不放，耿耿于怀。

7．不说脏话

污言秽语，脏话连篇，别人会认为你没文化、没教养，会对你"敬"而远之。情侣间的交往是纯洁的，所以，语言也应该是纯洁的，说话应该是文明的。骂人的话不仅难听，而且会侮辱人格和尊严。切记，不要因一时的气恼而出言不逊，既丧失了人格，又窒息了爱情。

8. 不要过于势利和挑剔

势利一点未必是坏事，但是过于实际，把什么都算得很精，又或者总是抱着投机心理想挑最好的，总带着只有自己挑别人而别人不能挑自己的优越感，最终反而会把自己的幸福算“没”了。

第七章
正确处理家庭内部的人际关系

人生有两件重要的事情：一是事业的发展，另一个就是家庭、婚姻的幸福。卓越的人生是事业和婚姻家庭都成功的人生。婚姻同样需要像经营事业一样好好经营。

小测试：你的家庭温馨吗

你在熟睡中感到非常口渴，在迷迷糊糊的状态中，有人递给你一大盘新鲜的水果，让你顿时垂涎欲滴，你想到了什么水果呢？

A. 苹果　　B. 香蕉　　C. 番茄　　D. 草莓

测试答案

选择A：你和家人之间是有爱的，但家庭气氛很压抑。大家都很客气，相敬如宾，可是无法真正分享内心的感受。在外人看来，甚至会觉得你们的关系有点冷漠，但是你们习惯于这种交流模式，可能这也是一种表达爱的方式吧。

选择B：你们的关系有点热烈，是紧张的热烈，沟通方式有待加强。往往大家各持己见，谁也不服谁的说法。家中经常上演僵持不下的场面，其实在吵的过程中就已经体现出家庭气氛了。

选择C：你和家人关系很密切，依赖程度深，但是也因为依赖程度太深，自成团体，大家老是黏在一起，容易忽略和朋友等其他外人的关系。

选择D：你的家庭一定有着和谐宁静的气氛。你生活在一个幸福的家庭中，家人间的关系亲密，却也有个人的空间，真令人羡慕。自己可要珍惜，别在无意间伤害了家人间的感情。

男人和女人来自不同的星球

男人和女人是两种截然不同的生物，他们来自不同的星球，因为从出生开始便存在着巨大差异，并且这种差异是无法调和的。当男人和女人相遇，如果他们希望拥有相同的思想、相同的看法和相同的意见，这是不现实的，也不会受到欢迎。

安德瑞·摩里斯在《婚姻的艺术》里曾经说："没有一场婚姻能够得到幸福，除非夫妇之间能够相互尊重对方的差异。"任何要走进神圣婚姻殿堂的人，都需要仔细了解男女之间的差异，并且尊重相互之间的差异。

葛丝莉抱怨说："以前我主动和老公说话，他总是不回应我，像没听到一样，这让我感到很生气，似乎他根本就不重视我。现在我知道了，那个时候他只是陷入了思考中。几年前，如果我请他帮忙倒垃圾，他一定会慢吞吞地说'一会儿'，最后我只能亲自上阵，并且大声提醒他一年之中有多少天忘记倒垃圾了。现在，我通过观察男女之间的差异，明白在他心里一定觉得垃圾还不是该倒掉的时候。现在，我觉得他坐在椅子上安静地看杂志，要比我不停地催促他倒垃圾好得多。"

葛丝莉通过与丈夫几年的相处，体会到了男女之间的不同，最终明白了："男人对质问的反应都是直接的，因为他们的属性就是'直截了当'；女人却恰恰相反，女人天生就是细腻敏感的，她们喜欢探索，会通过迂回的方式达到同样的目标。”

查理问他的妻子：“你那个正在办离婚的朋友艾伦，最近怎么样？”妻子回答：“不错。”接着，她通过这件事联想到了自己的婚姻，便追问查理，是否后悔结婚？如果现在他们没结婚会不会更好一些？身材更苗条一些？或者假使晚一点结婚是否会对孩子产生不同的影响？说到这里，查理不得不打断妻子，并质问她到底是什么意思。显然，查理并没有理解妻子为什么会提出这些莫名其妙的问题。然而，在妻子心中，对刚才的对话却有不同的解读：她会认为丈夫根本就不在意自己，也从未关心过自己。

事情并没有结束。有一天，查理目光呆滞地问：“这究竟是怎么了？”妻子反问道：“如果你不关心我，那你关心什么？”查理回答道：“我会留意家里的杜鹃花要用什么肥料才好，以及和车厂约定更换机油的时间，还有公司内部库存货的清单。”此时，妻子再一次觉得自己没有受到重视，便哭着跑出去了。

巴纳姆先生说过：“婚姻中的许多冲突来自于女人不理解这样一点：为什么丈夫许多时候会忽略自己的存在？如果妻子们能够意识到并宽容这一点，然后坦然接受事实，就会避免发生许多不愉快的事。”但是，这并不意味着女人就是错的，恰恰能说明女人的心思太细腻，太缺乏安全感。

男人和女人的差异还表现在对生命里重要事物的态度上。对男人来说，在他们生命中存在着十分重要且美好的事物，并希望能够永远拥有这件事物；但是他们从不认为这是自己生命的全部，更不会受此牵绊。比如，男人虽然很爱妻子，但是仍旧会花几个小时的时间专注于某件事，完全不受妻子的影响，仿佛她不存在一般。当然，这并不意味着背叛，而仅仅是一种无意识的行为。女人却不相同，她们的爱是彻底的，会把丈夫当作生命的全部，这份爱会时刻影响着她的思想和判断，因此也就失去了自我。这不能不说是一种遗憾。

由此可以看出，很多时候，丈夫并不是不关心妻子，只是没有表现出关爱而已。因此，女人为了婚姻的幸福，应该宽容、大度一些，让丈夫可以有一点私人时间处理自己喜欢做的事情。我相信，当女人做到这一点的时候，她会得到意想不到的收获。

荷马·克洛伊写过《威尔·罗杰斯传记》，他早年借住在加州罗杰斯家的农场里，曾经亲眼见证了罗杰斯先生与太太的故事。

有一次，罗杰斯先生想买一把外形丑陋、杀伤力很强的南美大刀，罗杰斯太太在心里马上否决了这个想法。在她看来，这样一把大刀有什么用呢？用不了多久就会被丢弃吧。但经过认真的思考，罗杰斯太太还是决定迁就丈夫，并亲自为他买来这把大刀。得到礼物的那一刻，罗杰斯先生幸福得就像小孩儿似的。

接下来的几天，罗杰斯先生用这把大刀将牧场里长满刺的矮树丛清理了，整个牧场变干净了。随后，他还清理出一条供行人和马车通过的小路，并对此感到非常满意。此后，罗杰斯先生时常说，这是他收到的最好的礼物之一，非常感谢妻子的贴心与善解人意。

承认并且接受男人和女人之间的差距，不仅能让男人放松身心，女人也会因此受益，获得更多的幸福感。只有意识到彼此之间的差异，才能理解对方，成全自己。

每一对伴侣都希望获得幸福，快乐地度过相互陪伴的日子。为此，学会宽容、大度地处理夫妻间的矛盾与隔阂，自然容易将一切烦恼和差异都抛到脑后，然后与另一半无忧无虑、轻松愉快地生活。

努力提升爱情的深度

爱情是人与人之间强烈的依恋、亲近、向往，以及自私并且无所不尽其心的情感。爱情就像维持人体活动所需的粮食，情感世界里只有依靠它才能幸福、快乐。

心理学家高登·W. 沃尔波特说："一个普通人所能说的最正确的话，就是他从来不会觉得，他的爱或是别人给他的爱已经使他满足了。"

爱在人类社会的潜力，就好像太阳的能量一样是无限的。女人给丈夫的爱是他奋斗的动力，也是他成功的要素之一。因为，如果女人真心爱丈夫，就会为他做好每一件事，让他开心快乐。爱情不仅是夫妻两个人之间的事情，还会影响孩子的幸福。

艾西尔·H.怀斯是纽约市少年家庭董事会秘书、社会工作专家，他在麻州社会工作讨论会上说："小孩子觉得没有人爱他，这是少年犯罪的主要原因之一。"在俄克拉荷马州艾尔·雷诺的联邦少年感化院，他遇到了许多因为缺少爱而犯罪的少年。

有一个少年说，母亲从来都不关心自己。他给母亲写信，从未收到过回信，但是他仍旧坚持写。有一次，他告诉母亲："我在感化院里学习的一些课程让自己有了很大改变，甚至觉得外貌也变得好多了。"不久，他终于收到了母亲的第一封回信，可是母亲在信中说："我不认为这会对你有好处，监狱是最适合你的地方。”母亲的话深深地伤害了孩子的心，他不知道自己的前途究竟在何方。

另外一个19岁的男孩，生命中超过一半的时间都在孤儿院、监狱和感化院度过。他说：“我最需要的，就是有人来爱我，但是从来就没有人爱我或需要我。在我16岁以前，我从没得到过一件圣诞礼物。”

由此可见，缺少爱的滋润是这些孩子犯罪的一个重要原因。婚姻生活中，除了给爱人的爱，还要注意给孩子的爱，并处理好与其他家庭成员的关系。提升爱情的深度，并妥善处理好各类关系，才会避免各类悲剧的发生。那么，在这方面应该得到哪些中肯的建议呢？

1．每天都要表现出爱心

当男女走过甜蜜的玫瑰路，进入家庭，就出现了许许多多的问题，其根源是家庭内部的沟通出现了问题。沟通，是建立和改善家人关系相当重要的一环，由于家人之间的关系非常亲密，加上对家人的期望较高，往往使我们在与家人相处时容易产生摩擦、冲突。其实，家庭就如同一盆植物，需要用爱来灌溉，用心来栽培。唯有这样，才能保持强盛的生命力。

许多女性朋友非常出色，在日常生活中却不懂得怎样对丈夫表达爱意，这是非常可悲的一件事。

在婚姻领域中极具影响力的专家德洛西·狄克斯说：“女人们总是抱怨，丈夫把妻子的存在看作理所当然，从来不去主动赞美，也不注意她们身上穿的衣服，或是给她们任何爱的表示。另一方面，这些女人对待丈夫的态度也冷淡，并对一个问题感到奇怪——为什么丈夫会追求那些称赞他们英俊、雄伟、健壮与奇妙的迷人女人。对爱情的渴望并不是女性专有的一种疾病，男人也会患上这种病。”因此，聪明的女人要学会每天都将爱表现出来，尤其不能对丈夫吝啬。

2．把事情看开一点，就会有好心情

生活中，夫妻之间难免会因为一点小事而争吵，如果不懂得如何处置，最

后只能两败俱伤。对女人来说，过分追求完美关系是不可取的，尤其是在婚姻关系中，如果过分追求细节，苛求丈夫做到最好，往往会激化双方的矛盾，导致无法收场。其实，有了隔阂与争吵，首先要保持冷静，以平和的心态接受眼前的事实，别把小事弄得天翻地覆。女人比较感性，也容易情绪化，所以在这方面尤其需要警惕自己的过激行为。

事实上，双方已经是这个世界上最亲密的人了，有什么问题不能坐下来协商解决呢？把事情看开一点，多替对方着想，自然容易找到解决问题、化解矛盾的良策。最重要的是，夫妻关系本来就需要谦让和付出，能够隐忍自己的不悦而去满足对方的诉求，这样能提升夫妻之间的爱情深度。而且，你的付出也会得到对方的积极回应，最终双方会弥合分歧，迎来好心情，收获幸福与甜蜜。

3. 对每一件小事都表示谢意

“谢谢”是一个美丽的词语，能给人带来愉悦的心情。有时候，丈夫从你的口中听到这句话，会感觉非常满足。男人结婚以后，带着妻子去电影院消遣，然后送给妻子一束紫罗兰；或者每天早上帮妻子倒垃圾、做早餐等，都希望能从妻子那里得到奖赏和感谢。

如果妻子把这些都当作理所当然的事情，忽视对丈夫表达谢意、给予回馈，那么时间长了势必打消对方的积极性，甚至影响彼此原本亲密的关系。因为得不到妻子的感谢，丈夫往往会停止取悦妻子的行为，起码不如以前那么上心了。因此，女人在日常生活中对任何小事都能表示谢意，不仅仅是给予丈夫感恩，更是在寻找沟通、交流的机会，是提升爱情深度的重要方式。

爱情为我们的生活带来了丰富的色彩，如果没有它，那成功又是什么，又有什么意义呢？收获爱情是人生的一大幸福，如果在婚后仍能时时刻刻感受到对方的关爱、体贴，那才是终生的甜蜜。女人应该明白一点，如果丈夫从你这里得到了炽热的爱情，那么他也会带给你更多的呵护，进而最大限度地提升你的生活品质。

爱对方，并给他自由

每个人都向往自由，身处婚姻之中的人也不例外。男人都希望抛开繁忙的工作，可以有时间发展自己的兴趣爱好，女人也想有许多独自相处的时间。所以，即便你们一起生活，对另一半有更多依赖，也要理解对方的这种愿望，并懂得给予相应的自由空间。

爱一个人最好的方式是给对方自由。有的人深陷在爱河里，几欲窒息。对女性朋友来说，这一点显得尤其重要。爱对方，既要牢牢抓住不放手，也要给他自由。别以女性的标准来要求男性，正如亨利·詹姆斯所说："和别人相处要学习的第一课，就是别干涉他人寻找快乐的特殊方式，如果这些方式并没有对我们产生强烈妨碍的话。"

下面，就以现实生活中的例子来给大家阐述一下，给予对方自由的重要性。

狄斯累利的婚姻是非常商业化的，他自己也承认这一点："我从来没有想过要为爱情而结婚。"而现实也恰恰如此，他娶了一位非常有钱的寡妇——玛丽·安妮，对方比他大15岁，已经年过半百，头上有了丝丝白发，并且还不具备智慧的头脑。谈话的时候，她总是错误百出，显示出其在文学和历史知识方面的贫乏。狄斯累利结婚不是因为爱情，玛丽·安妮对此也很清楚，可是她并没有将这件事说出来，也没有拒绝狄斯累利。当然，她还是提出了一个要求：让狄斯累利等她一年，这样她可以观察对方的人品。一年之后，她果然嫁给了狄斯累利。

虽然在生活方面并不优秀，但是在处理婚姻关系、对待男人这件事上，玛丽·安妮却是一个天才。当狄斯累利在外面工作一天，精疲力竭地回到家后，妻子从来不会追着问他工作上的问题，而是会讲一些家常话让狄斯累利放松。晚上，当狄斯累利从众议院匆匆忙忙赶回家，他会把当天发生的新闻告诉玛丽·安妮，虽然她对有些事情不太明白，但是从来都不感到厌烦，会静静地、专注地听狄斯累利讲完。渐渐地，狄斯累利开始依赖这个家，依赖这个善解人意的妻子。可以说，狄斯累利找到了一个身心都能放松的港湾，并喜欢和年长的妻子共处，这甚至成为他一辈子最快乐的时光。

在生活中，玛丽·安妮尽量尊重狄斯累利，给他最大的自由和支持。虽然他们不是因为爱情而结婚，玛丽却成了他的亲信、他的顾问、他的女神。狄斯累利经常说，玛丽是他这辈子最重要的人，玛丽也会和朋友们说："我的生活成了永不谢幕的喜剧。"他们之间有时会开一个小玩笑，狄斯累利说："你知道的，我只是为了你的金钱才和你结婚的。"这时，玛丽则会笑着回道："确实不错。但如果从头开始的话，你就会因为爱情而和我结婚，是不是？"狄斯累利微笑着承认了。

因为玛丽·安妮的体贴，原本并没有爱情的婚姻变得如此美好，这让我们明白：如果你想让家庭生活幸福快乐，就要懂得给对方留出自由空间，这份体贴只会拉近彼此的距离，而不会让你们形同路人。

最好的爱情，是两个人不必靠得太近，也不必怀抱太多不必要的奢望。也许这个世界上总会有一个人真的懂你，但不要抱有太大的希望，否则，希望越大，失望越大。说到底，人最爱的始终是自己。每个人在爱里都是自私的，都渴望自己所爱的那个人可以无限地迁就、包容乃至纵容自己。

在现实中，很多夫妻只想把对方紧紧地抓在自己手中，唯恐这段婚姻不保，结果，一方抓得越紧，另一方就越想逃离，最后事与愿违。

爱，应该给对方海阔天空的自由，然后让他愿意回来，喜欢回来。你要把爱人当作鸽子，每天放他出去飞，等着他回来；绝对不能把爱人当作狗，在脖子上加项圈、加绳子，时时刻刻拉在手上，怕他跑掉。

在生活中，注意培养对方工作以外的业余爱好，也是给对方自由的一种表现。这样不仅让对方乐在其中，你也会因此受益。

伊莲娜的老公詹姆士·哈里斯是一家大石油公司的地区审计员。业余时间，詹姆士喜欢室内装饰、修理家具，伊莲娜也为丈夫的这项爱好感到高兴，因为他会把房子修理得非常漂亮干净，让人舒服。

詹姆士还有另外一个爱好——训练家里的那只苏格兰种小猎狗马克，让它学习表演。虽然是“业余演员”，但是马克有拿手绝活——弹钢琴，开始时先用前脚弹，接着用后脚弹，有时还会用四只脚一起弹。总之，马克总是将大家逗得哈哈大笑，这一切都是詹姆士的功劳。

伊莲娜认为，妻子如果能鼓励丈夫培养一种爱好，就不用担心他去追求别的女人了。只有在生活中感到厌倦的男人，才会背叛自己的妻子。

爱一个人要学会给爱一点距离，给爱人一点空间，给他一点新鲜空气。在家庭里，丈夫要学会给妻子留有相当的自由，妻子也要学会给丈夫留有相当的自由。

我们在生活中常会看到这样一幕：

妻子说：“帮我去接下电话，我在厨房很忙。”/“垃圾放在门口了，一会儿你下楼的时候顺便带下去吧！”

“……”（丈夫沉默）

“你是什么态度，没有听到我跟你说话吗？”（妻子似乎生气了）

很多时候对方一个不小心的走神都可以让你怒火相向，不过，或许你还没有意识到，这句在你看来再正常不过的埋怨，却在不经意间使对方产生了心理上的“囚禁感”。因为他们不能有自己的思考，他们的思考会随时妨碍你的情绪，随时引发战争。

总有一些时候，他或她刚好处于思考自己事情的时间，不会留意到你所说的事情。你也没有必要要求对方时时刻刻围绕你来转，精神保持高度的集中，耳朵保持高度的灵敏。两性关系的最大魅力不是彻底地占有，而是一种心灵上的高度和谐。当你的他（她）因为走神而错过了你的叮嘱或要求时，不要立即发作，可以这样说：“亲爱的，能不能借用一下你的耳朵？”这句话使你看起来智慧而幽默。

漫长的婚姻生活确实考验人的耐性，所以在甜蜜的夫妻生活之外，妻子必须给丈夫一点自由空间，让他投入自己喜欢的事情中，别去干扰。这一张一弛的艺术，恰恰是夫妻相处之道的精髓。

当然，也不能一味地纵容丈夫将大部分精力放到某种爱好上。心理学家提醒女人：当男人将自己的大部分时间都放到爱好上，而忽视本职工作时，你就应该注意了，他正在利用爱好来逃避工作，想必他在工作中一定遇到了什么困难，所以才提不起兴趣。如果这种事情发生了，那么你一定要帮助他找到问题所在，帮助他恢复对工作的热情。须知，爱好的真正价值是帮助人改变繁忙的生活节奏，放松紧张的心情。

共同应对生活的挑战

经营婚姻是夫妻一辈子的事业，在过了热恋，体验了蜜月与新婚的甜蜜之后，面临的是柴米油盐的巨大考验。执子之手，与子偕老，夫妻间共同携手跨越艰难才是婚姻真正的价值。

生活中的困难都应该由男人来解决，这是许多女人普遍的心理认知。不可否认，男人由于体力、能力等方面的原因要承担更多的责任，不过这并不代表他们可以无坚不摧。在婚姻中，聪明的女人懂得激励男人，并与他们一起面对暂时的困难及各种挑战。

其实，男人并不期待女人分担更多职责，他们期待的是女人那份风雨同舟的态度，这会令人充满斗志，积极面对生活中的难题。

男人与女人携手组建一个家庭，注定要共同应对未来的挑战，一起走过大半生。这是一种责任，更是彼此源自内心的一种信任。当我们探讨家庭和睦、婚姻幸福的问题时，许多人总是抱怨另一半做得不够好，挑剔对方身上的缺点。其实，婚姻关系不是索取，而是付出；不是挑剔，而是感恩。看到丈夫工作遇挫、事业不顺，女人最需要站出来，扮演好男人身后有力支持者的角色。

约瑟夫·艾森保在一家洗衣店当了25年的送货员，有一天突然被解雇了，这令他措手不及。对此，艾森保夫妇愁坏了，没有工作就意味着没有收入，接下来生活就成了大问题。这时，正好有一家面包店准备出售，如果艾森保夫妇拿出全部的积蓄，是可以将这个面包店买下的。不过，做生意必然存在风险，如果经营不善，他们将面临更大的困难。

艾森保太太经过仔细考虑，最终决定支持丈夫开店。此后，她更是将自己的大部分精力放在面包店的经营上，每天将面包店打扫得干干净净，然后在接下来8至10个小时的时间里招呼客人。这样的苦差事很容易让人泄气，但是艾森保太太非常高兴，她说："我为做这些事感到很开心，因为这是我丈夫翻身的一个机会，也是改变家庭命运的时刻。"

果然，艾森保太太的努力没有白费。没多久，面包店经营得有声有色，生意非常好，收入比艾森保先生当送货员时高很多。他们依靠共同努力开创了属于自己的事业，这是非常令人高兴的事情。

如果遇到像艾森保太太这样的妻子，全心全意地辅佐丈夫，帮助他们渡过难关，而且从来不抱怨，那么男人将会减轻许多负担，感受到来自家庭的温暖。一对夫妇如果能同心协力，还有什么难关闯不过去呢？而这样的家庭也是幸福的。

恋爱可以短暂美丽，如电光一闪；婚姻却必须切实平淡，似细水长流。这是爱情的法则，是婚姻的真谛，值得每对夫妻细细体会。

婚姻是夫妻一辈子的事业，要付出努力去经营，婚姻正是在夫妻携手跨越一个又一个的难坎之后才越发丰富有内涵，才越发显现白头到老的弥足珍贵，婚姻也才散发出真正的魅力。

在家庭生活中，会遇到许多不可抗拒的因素，包括生病、欠债等，这时候往往是考验妻子的时刻，因为妻子的态度决定了丈夫的心境，以及下一步行动的意志、勇气。妻子无私的支持，是男人最大的幸福。

威廉·施坦因与太太育有五个孩子，生活负担很大。施坦因先生是一名推销员，几年前因为一场交通意外，几乎失去了劳动能力，这让全家人的生活几乎陷入了绝境。施坦因太太发现自己做的糕点还不错，从生日蛋糕、结婚蛋糕到宴会甜点，她都很拿手。于是，她决定开一个蛋糕房以谋出路。这个想法得到了家人、朋友的支持。蛋糕房很快就开业了。

朋友们都很热心，谁家有宴会的时候都会来买她做的甜点。当然，施坦因太太的甜点确实很不错，朋友们都赞不绝口。就这样，蛋糕生意越来越多，施坦因先生身体康复之后就坐在轮椅上帮助客人拿取他们的蛋糕，闲暇之余还帮助妻子整理蛋糕房的营收账目，夫妻二人成了最完美的搭档。施坦因太太说："我忙于创造新的方法，来准备各种特制餐点。我的丈夫则负责客人和账目上的细节，这真是一件值得高兴的事。"

中国有句俗语："夫妻本是同林鸟，大难临头各自飞。"但其实，白头到老和最终分手的伴侣，其区别主要在于他们处理困难的方式不同。幸福夫妻的做法值得借鉴，不幸夫妻的做法应该反思。

每个家庭都可能遇到突发事件，这时对妻子的考验要大于对丈夫的考验。当丈夫遭遇挫折的时候，妻子一定要立刻站出来，并快速寻找解决问题的方案，帮助丈夫尽快渡过难关。这不仅是拉近彼此感情的机会，也是锻炼妻子才智的时刻。

在困难的时候，人们往往能挖掘出自己的长处，妻子如果能与丈夫共同分担风险、应对挑战，往往能发现自己在某方面特殊的能力，而这是平时被忽视或隐藏的一面。否则，一方还为此挑刺、生气和责难，觉得对方拖累了自己，不仅不为对方减轻心理负担，还时不时地泼冷水，这样的婚姻最终就可能会导致不幸。

学会取悦他，切勿喋喋不休

当爱情经历了甜蜜时光，走入婚姻的殿堂，还剩下什么？许许多多的家庭演绎着结婚、分手、再婚……要么就是忍受着痛苦的炼狱般的生活，祈祷生命的终结。当爱情褪去色彩，还原为本来的面貌，才是真正考验夫妻感情的时候。

在婚姻中，唠叨是最致命的伤害。假如婚姻中的女人拥有世上所有的美德，外貌也十分出众，却唯独喜欢唠叨，有一点小事就对丈夫喋喋不休，那么她所有的优点都将归于零。

女人之所以唠叨，本意可能是好的——只是希望丈夫可以更优秀，婚姻生活更幸福。可是，她却没有想过男人对唠叨持怎样的看法。有一位美国社会学家曾经做过一个关于婚姻的调查，被采访的大多数男人都认为，在婚姻中最难以忍受的是女人的唠叨。

如果身为女人，你还在不停地唠叨，是不是应该有所警醒呢？下面，我就以几个名人的例子，让你们感受一下唠叨可能引发的严重后果。

法国拿破仑三世被美丽、优雅的特巴女伯爵玛利亚·尤琴深深地迷住了，渴望和她结婚。可是，拿破仑三世的顾问提醒说："她的父亲只是西班牙一位并不显赫的伯爵，和您的地位根本就不相配。"拿破仑三世根本就不在意这些，只希望能拥有这位世界上最美丽的女人，认为其他的并不重要。就这样，他不顾全国人民的反对，和玛利亚·尤琴结婚了。

接下来，大家一定认为拿破仑和尤琴会像童话里的王子与公主一样过上幸福的生活。然而，现实却恰恰相反，无论是拿破仑三世爱的力量，还是他的权力，都无法阻止尤琴的唠叨，她的心被嫉妒蛊惑，对什么都猜疑。她总是认为拿破仑三世在偷偷地接触其他女人，因此不给他一点儿私人空间。有时候，拿破仑三世在办公室处理国家大事，她也会不顾一切地冲进去，然后任性地胡闹。有时候，拿破仑三世想一个人待一会儿，尤琴都不允许。虽然拿破仑三世拥有十几处华丽的房子，这位皇帝却找不到一个安静的地方。此外，尤琴还经常到她姐姐那里数落丈夫的不好，又哭又闹。

那么，尤琴得到了什么呢？莱哈特在《拿破仑三世与尤琴：一个帝国的悲喜剧》中这样写道："于是，拿破仑三世常常在夜间从一处小侧门溜出去，头上的软帽盖着眼睛。在一位亲信的陪同之下，他真的去找一位美丽女人，或者出去看看巴黎这座古城，在以往不常看到的街道上漫步，放松一下自己压抑的心情。"

这一切都是喋喋不休的尤琴造成的。她在法国地位高贵又是世界上最美丽的妇人；但在喋喋不休的气氛之中，高贵的地位与美貌都不能维持爱情的存在。这是由她的嫉妒及唠叨带来的。

托尔斯泰伯爵夫人也发现了这一点——可惜她知道得太迟了。在她去世以前，她对她的女儿们承认："你们父亲的死，是因为我的缘故。"听到这话，她的女儿们都痛哭了起来。她们知道母亲说的是实话，知道她用不断的抱怨、永久的批评、不休的唠叨将父亲害死了。

托尔斯泰的妻子是一个非常虚荣的人，喜欢华丽的衣服，热爱名声和社会的赞誉，渴望金钱。可这些都是托尔斯泰不太看重的，他一直坚持将小说的版权收入全部捐给穷人，结果引起了夫人的极大不满。她一边哭闹，一边责骂托尔斯泰，让他把版权的收入都还给她。托尔斯泰用沉默来回答妻子的胡闹，可是这只会让妻子变本加厉。她在地上打滚，并且威胁托尔斯泰要自杀，其间伴随着不停地唠叨。

托尔斯泰终于受不了妻子的胡闹，在1910年10月一个下着大雪的夜里，逃出了家门，远离了妻子。11天后，他因肺炎死在一个火车站里。

年轻的时候，托尔斯泰和妻子有过幸福的时光。但过了将近半个世纪之后，他觉得夫人好像变了一个人，不知从什么时候开始不停地唠叨，太令人反感了。有一天晚上，这位年华已逝的妇人想起以前的幸福生活，便让托尔斯泰为她朗读50年前写的甜蜜日记。当托尔斯泰深情地读完这篇充满浪漫情调的日记后，两个人都流下了眼泪。除名誉外，托尔斯泰与他的夫人还有财产、地位、孩子，他们的婚姻可谓美满。但最终他们的婚姻还是成了悲剧，可这又能怨谁呢?

有人曾经说过："在地狱中，魔鬼为了破坏爱情而发明的恶毒方法中，唠叨是最厉害的了。它永远不会失败，就像眼镜蛇咬人一样，总是具有很强的毒性，常常使甜蜜的爱情破裂，甚至置人于死地。"

贝丝·韩博格在纽约市家务关系法庭任职11年，曾经审判了好几千件妻子被遗弃的案子。她说，男人离开家的主要原因之一是因为太太唠叨不停。因此，现实中的女人们，为了让自己拥有一份甜蜜的爱情，为了保住幸福的家庭，请一定要管好自己的嘴巴，一定要记得祸从口出。如果不牢记这一点，那么你也许就会像《泰晤士报》中所写的那样："许多做妻子的，不停地在慢慢挖，自掘婚姻的坟墓。"

家庭，并不是束缚对方的理由，更不是以此来纵容自己私欲的借口。当你试图用喋喋不休的方式来数落对方，并振振有词地说是爱他时，请想一想对方的感受吧！在你的喋喋不休声中，对方只有选择逃避。如果爱他，如果你想拥有一个快乐幸福的家庭，请改变你的这个习惯。

真诚地欣赏对方

婚姻是爱情的延伸，它给爱情一个舞台，让我们在婚姻中扮演夫妻的角色。虽然浪漫的爱情有所减少，但亲人间的舒适、自如、相依和信赖已然充斥心间。能不能保持恋爱时的种种美好感觉，并不重要，重要的是能不能时时顾虑到对方的感受，欣赏对方，使对方快乐。

山姆常抱怨妻子总是花太多时间在房子外面的草坪上，因为他觉得即使一周修剪一次，草坪也会保持得很好。所以，每次妻子修剪完草坪后，山姆都会说她其实是在做无用功，这让妻子很不开心。

一个偶然的机会，山姆在一本书上看到了改善夫妻关系的方法，书上说生活中需要经常站在对方的角度来思考。这让山姆如梦初醒，他此时才发觉自己过去的做法是错的，他从来都没有想过妻子辛苦地修剪草坪，以及为家庭操持的艰辛。

于是，当妻子再次去修剪草坪的时候，山姆也起身离开沙发，主动提出要陪妻子一起去修剪草坪。妻子显得特别高兴，两个人就在愉快的氛围中完成了院子里草坪的修剪工作。

从那以后，山姆每个周末都和妻子一起修剪草坪，不仅如此，他还经常夸奖妻子勤快，夸奖妻子修剪草坪的技术。虽然山姆的夸奖可能有些夸张，但是他们夫妻之间的感情却得到了明显的改观，这是因为山姆学会了真诚地欣赏对方。

在日常生活中，婚后的爱情常常让夫妻开始关注起对方的缺点，漠视了对方的优点，正因为如此，男女之间的争吵、指责成为婚后经常遇到的一个问题，最终在这声声批评、指责中劳燕分飞。

很多人是抱着美好的幻想走入婚姻殿堂的，可一旦进入实际生活却发觉根本不是自己想象的那么回事，感觉被生活、被对方欺骗了。结婚前，我们看到的全是对方的好，多么有气质、多么慷慨，肯为自己花钱，结婚后对方多花一分钱就会唠叨个没完。人都有隐藏的一面，结婚前把自己的缺点都隐藏起来，对方看不到，结婚后长期生活在一起，缺点一下子全暴露了，这时候我们往往是拿着放大镜去看对方的缺点，而对方的优点早抛到九霄云外去了。于是觉得自己很委屈、很无奈、很失望，怎么和这样的一个人结了婚。其实，这所有的问题归结于一点，那就是结婚后我们已经不懂得欣赏对方了。

夫妻之间的相处要有糊涂的心态。婚前要睁大双眼，婚后要睁一只眼闭一只眼。睁开的一只眼是要欣赏对方的长处，闭上的一只眼是要不去捕捉对方的短处。不但要欣赏对方的长处，欣赏的程度还不能比别人低。但要注意的是这种欣赏要真诚，无论是在私底下还是在别人面前，都要多多地夸赞对方。并且应让你的妻子或丈夫感觉到，你的确很欣赏她（他）。这是保持家庭生活幸福，增进双方感情的有效办法。

格莱斯通夫妇共同生活了59年。众人一想到格莱斯通这位英国最尊贵的首相，就会想到他握着他妻子的手，绕着炉子在地毯上跳舞，唱着他们心中的歌。格莱斯通在公众面前是一个严肃的形象，而在家中却从未批评过家人。他早晨下楼用餐时，发现家人还在睡觉，便用一种温柔的方式表示责备。他提高嗓门使屋中充满神秘的声音，提醒别人，英国最忙的人独自在楼下等候。他既体恤人，又有外交手段，竭力避免家庭中的批评。

诸多男子寻求自己的伴侣时，不是像在寻找高级职员，而是寻求一个对自己具有诱惑力并愿意奉承自己，从而满足自己的虚荣心，使自己感到优越的人。假如一位办公室女主管应邀吃一次午餐，但她总是将大学时代的那些哲学思想作为谈话的内容，并且坚持自付餐费，那最后的结果很可能是，自此以后只能独自吃午餐了。反过来说，一个从未进过大学的打字员，应邀吃午餐的时候，她能温情地注视着她的男伴，仰慕地说："再给我讲些有关你的事。"最终的结果可能是，他会告诉别人："她不是十分漂亮，但我从未遇见过比她更会说话的人。"

女为悦己者容，男性对于女性追求美观及装束得体的努力应表示赞赏。所有的男人都忘了，假如他们曾细细观察的话，将知道女性是如此注重自己的衣着。例如，一男子同一女子在街上遇见另一对男女时，这女子很少看那男子，她会不时地留意看另一女子穿的衣服如何。

有这样一个故事，需要我们用心去体会，才能领会到它包含的真理：有一位农家妇女，经过一天的辛苦之后，在她的男人面前放下一大堆草。当他恼怒地问她是否发狂了，她回答说："啊，我怎么知道你有没有注意自己吃了什么！我为你做了20年的饭，在那么长的时间里，我从未听见一句话能让我知道你吃的不是草！"

作为丈夫，你应该体贴一下你的妻子。下回她排骨做得很嫩，你非常喜欢吃，你就如实告诉她，使她了解你欣赏她的手艺。因为她喜欢被人欣赏和称赞。

在婚姻生活中更需要彼此欣赏，这样的婚姻才能美好。这种欣赏不仅意味着欣赏对方的优点，还要包容对方的不足。在朝夕相处的生活中，无论是优点还是缺点都尽显无遗。如若不能够欣赏和理解，特别是对缺点的包容，就容易产生分歧，让相爱的两个人对爱情产生怀疑，对婚姻造成不利影响。

只有懂得欣赏，你才能够看到世界的另一半，你才能够理解，才能毫无保留地拥有一个完整的世界；只有懂得欣赏，你才能平淡地面对一切得失，才能在平淡的生活中体会到爱的浪漫，才能够拥有天长地久的爱情。

因此，要想和你的伴侣幸福地生活，就要给予对方真诚的欣赏，多看闪光点，而不是只看缺点，这样你的家庭生活才会快乐幸福。

忍让是家庭和睦的基础

一代伟人周恩来总理和其夫人邓颖超的爱情及家庭生活是世人皆知的，他们精辟地总结了家庭和睦的经验：互敬、互爱、互谅、互让、互帮。其中就有互让这一条，可见互相谦让、忍耐、理解是家庭和睦的土壤，它使爱的树种从土壤中得到营养和水分并茁壮成长。书法家郑板桥老先生有句名言叫“难得糊涂”，就是指小事善忍是种难得的品质。因为善忍能化解矛盾，长忍者久安。忍字是心上插一把刀。常言道：“忍一忍平安无事，退一步海阔天空。”善忍则息事宁人，则家和，家和则万事兴。这就是在家庭生活中要善于忍让的意义所在。

中国有句古语：“忍为高、和为贵。”倡导的是一种与人为善、和睦相处的人际关系。儒家大师孔子所说的“小不忍则乱大谋”广为流传，强调的是一种智慧的生存之术。

家，是人生的安乐窝；家，是人生的避风港。一个家庭想要“家和万事兴”，家庭里的成员必须要能相互体谅、相互包容。忍让，能让家庭和睦；忍让，使全家相安无事。虽然学会忍让不是一件简单的事，但我们还是得忍让，因为忍让能为我们带来意想不到的收获。

有一个女孩子结婚后，经常回到娘家哭泣，诉说她丈夫多么不好。她父亲说：“这样吧，我这儿有一张白纸，一支毛笔，你现在拿着毛笔往白纸上点点，你丈夫有一个缺点，你就在纸上点一个点。”女孩子含泪接过毛笔，边哭边点，最后在纸的中央密密麻麻地点了一些点，递给父亲。父亲把纸拿起来展示给女儿，说：“女儿啊，你看到了什么？”女儿说：“我看到了黑点，都是缺点。”父亲说：“你再看一下。”女儿说：“都是缺点，都是黑点。”父亲说：“除了黑点呢？”女儿说：“除了黑点都是白纸。”父亲说：“对啊，白纸比黑点大得多了，你怎么只看到黑点呢？你一定是只看他的缺点啦，来，你再数一下他的优点。”女儿停止哭泣，一二三地数起丈夫的优点来。数着数着，她的脸色转好，最后甜蜜地笑了。

其实，每个人都有优点和缺点，只是我们很容易看到别人的缺点和自己的优点，而很难看到自己的缺点和别人的优点。

忍让是通向幸福的光明大道。家庭中的矛盾、分歧很少是原则性的，这时能以“忍”字为先，不去计较，表示谦让，矛盾也就烟消云散了。

社会学家指出，导致高离婚率的一个重要原因，就是夫妻双方在婚前、婚后的表现与心态发生了变化。结婚后，夫妻双方开始从狂热转为冷静，分别用清醒的目光观察对方。结果发现，对方完全不像结婚前所期望的那样，他们在爱好、性格、生活习惯等方面，与自己想象的差得太远，而且对方有许多原来未发现的缺点……

于是，很多人就得出一个结论：我和她（他）之间根本没有爱情！在此情况下，离婚就成为必然的选择。

事实上，没有不带缺点的个性。有句法国谚语说：“我们的缺点乃是我们优点的组成部分。”就拿我们自己来说，也远不是我们所想象的那么完美无缺。

可以说，忍让宽容是维护家庭和谐的重要因素。多站在别人的角度想一想，比如，在家里谁说了几句不中听的话，你不妨想，他可能为别的事心里不痛快，或许他对什么事误会了，或许他天生是直筒子脾气，遇火就爆，过后他就会想到自己的不对，或许是因为他年纪小、想事情不周全，等等。这样就理解了，宽恕了，容忍了，也就不会放到心里去。每个人都要学会适应“另一半”的生活方式和习惯，而不要企图按自己的模式把“另一半”改造过来。

俗话说“一个巴掌拍不响”，所有的家庭问题，都不单单是某一个人的问题，而是家庭成员之间相互作用的结果。如果真正想解决家庭的问题，在日常生活中需要注意以下几点。

1. 不要得理不饶人

家人之间，有时也经常会发生争执或存在矛盾，甚至发生冲突。有时争执或冲突中的一方可能是占理的，因此往往会理直气壮，不肯退让。得理不饶人者，多与修养、性格有关。其实，如果是为家庭和睦和幸福着想，得理不饶人是万万不可的。

2. 别将烦恼带回家

在回家之前，最好抛开所有的烦恼，带着快乐进家门。因为你的快乐就是全家人的快乐。向家人诉说烦恼的时候，也以一种积极乐观的姿态让家人知道，虽然遭遇困难，但你有足够的勇气去克服，这样，就传递给家人一种积极的信息，而不是消极的恐慌或烦恼。

3. 别拿家人做出气筒

如果你怒气冲冲地回家，你的情绪也会感染家里人，这样就会使不良情绪恶性循环，从而给家人和自己都造成极大的伤害。如此，岂不是很不划算？

第八章

谨言慎行，留心人际沟通中的雷区

你是否注意到你身边的这些情况：你的一番好心却引起别人的误会，你的雄辩口才却让别人避而远之，不知道什么时候办公室里开始四处散播开了“小道消息”……出现这种情况的原因，很可能是你不小心触碰到了人际交往的雷区。

小测试：你的沟通能力如何

请仔细阅读以下15个陈述，然后根据自己的实际情况做出回答。

1. 我能根据不同对象的特点提供合适的建议或指导。
2. 当我劝告他人时，更注重帮助他们反思自身存在的问题。
3. 当我给他人提供反馈意见，甚至是逆耳的意见时，能坚持实事求是的态度。
4. 当我与他人讨论问题时，始终能就事论事，而非针对个人。
5. 当我批评或指出他人的不足时，能以客观的标准和预先的期望为基础。
6. 当我纠正某人的行为后，我们的关系常能得到加强。
7. 在我与他人沟通时，我会激发出对方的自我价值和自尊意识。
8. 即使我并不赞同，我也能对他人的观点表现出诚挚的兴趣。
9. 我不会对比我权力小或拥有信息少的人表现出高人一等的姿态。
10. 在与自己有不同观点的人讨论时，我将努力找出双方的某些共同点。
11. 我的反馈是明确而直接地指向问题关键的，避免泛泛而谈或模糊不清。
12. 我能以平等的方式与对方沟通，避免在交谈中让对方感到被动。
13. 我以“我认为”而不是“他们认为”的方式表示对自己的观点负责。
14. 讨论问题时，我通常更关注自己对问题的理解，而不是直接提建议。
15. 我会有意识地与同事和朋友进行定期或不定期的私人会谈。

测试评价标准

非常不同意/非常不符合（1分）；
不同意/不符合（2分）；
较不同意/较不符合（3分）；
较同意/较符合（4分）；
同意/符合（5分）；
非常同意 / 非常符合（6分）。

自我评价

80～90分：说明你具有优秀的沟通技能。
70～79分：说明你略高于平均水平，有些地方尚需要提高。
70分以下：说明你需要严格地训练你的沟通技能。

备注：可以选择得分最低的6项，作为技能学习提高的重点。

不能忽略面子问题

《圣经·马太福音》中说："你希望别人怎样对待你，你就应该怎样对待别人。"真正有远见的人不仅在与同事一点一滴的日常交往中，为自己积累最大限度的人缘，同时也会给对方留有相当大的回旋余地。给别人留面子，实际就是给自己挣面子。

好面子是人的本性，每个人都爱惜自己的面子。所以，聪明人在与人交往的过程中，从不会把话说死、说绝。比如像这些话他们是绝对不会说的："看你做的那些蠢事。""谁像你那么不开窍，要我几分钟就做完了。""你跟××一样缺心眼儿，看他那傻样儿。"这些话无论谁听了心里都不会痛快，显然是大大损伤了别人的面子。因此，要想不伤及他人的面子，就要学会尊重他人。尊重，是一种豁达、一种理解、一种激励，更是大智慧的象征，是强者显示自信的表现。

俗话说："死要面子活受罪。""死要面子"，就是说宁愿死，也要面子，孔子的高足子路就是这样，他为了不丢面子，不惜结缨而去。甚至有的人，即便死了，也要争面子。可见，一些人甚至把面子看得比生命还重要，一旦伤了人家的面子，可能就会给自己留下无穷后患，因此任何时候都要注意保全别人的面子。

公元前605年，楚人献给郑灵公一只特大的鼋，郑灵公准备用它来大宴群

臣。子公和子家在来觐见郑灵公的路上时，子公的食指突然动了起来，他便对与他同行的子家说：“我的食指一动，就能尝到非同一般的美味。”等他们见到郑灵公时，看到厨师正准备切鼋，两个人相视而笑。郑灵公问他们为什么笑，子家把刚才路上的情况告诉了郑灵公。郑灵公听了，就偏不想让子公的话实现，所以在把鼋赐给大夫们吃的时候，唯独不给子公吃，这显然是不给子公面子。子公也不是好惹的，为挽回面子，就径直走向烹鼋的鼎前，用手指头在鼎里蘸了蘸，尝到味道后才退出去。子公挽回了自己的面子，却扫了郑灵公的面子。双方最终翻脸，只不过子公抢先一步，弑杀郑灵公，并给他弄了一个“灵”的谥号，让他永远没有面子。

想想郑灵公死得真不值，就因为让别人丢了面子，便遭到杀身大祸，死了依旧没有面子。

古语有云：“己所不欲，勿施于人。”可我们往往忽略了这一点。我们常常无情地剥掉别人的面子，伤害别人的自尊，抹杀别人的感情，却又自以为是。我们在他人面前呵斥别人——下属或者孩子，找差错，挑毛病，甚至进行粗暴的威胁，却很少设身处地地为他们着想。切记，在与人交往时，一定要考虑别人的自尊心，在任何情况下，都要让对方下得了台阶。

罗宾森教授曾说过一段富有启示性的话：“人，有时会很自然地改变自己的想法，但是如果有人说他错了，他就会恼火，更加固执己见。人，有时会毫无根据地形成自己的想法，那反而会使他全心全意地去维护自己的想法。不是那想法本身多么珍贵，而是他的自尊心受到了威胁……”

因此，在生活中要懂得如何照顾朋友的面子。倘若你自恃自己的面子大，不把别人放在眼里，碰上死要面子的朋友，就可能不吃你那一套，甚至可能撕下脸皮和你对着干，这样常会把关系搞糟。

人人都有自尊心，不但大人物有，小人物也一样，甚至更强烈。当一个人一无所有时，自尊心便是需要固守的最后领地。没有人愿意别人漠视自己作为一个人的存在。有时，人们为了维护自尊，甚至会坚持错误，不可理喻。

西晋的石崇与王恺斗富，就是典型的面子之争。王恺用麦糖掺米饭擦锅，石崇就用蜡烛煮饭；王恺用紫丝布做步障四十里，石崇就做锦布障五十里；王恺用赤石脂涂墙，石崇就用花椒和泥来涂。最后，弄得晋武帝也来帮忙，他赐给王恺一株二尺高的珊瑚树，枝丫扶疏，世所罕见。没想到石崇根本没把它放在眼里，拿起他的铁如意就敲过去，珊瑚树应声而碎，他回头吩咐左右回家取出珊瑚树，让王恺任意选取，有三尺高的，四尺高的，弄得王恺惘然若失，垂头丧气。石崇太过固执，不会忍让朋友，一下子让王恺的面子丢尽。他比王恺富有，这是一个事实，他却非比不可，比的结果，自然是他面子十足。无论王恺接受不接受珊瑚树，有一点是肯定的，面子伤了。石崇大可不必做得如此绝，假如他肯处处让别人一分面子，那就是另一种情形。

每个人都需要面子，而且也都希望自己有面子，有面子就能被别人看得起，表明他在人群中间有优越感。懂得这个道理，交友就方便许多，只要你能放下自己的面子，给朋友一个面子，相信你会在办事、与人交往时获益匪浅。

保全别人的面子，是我们通向成功的一条宽广之路。如果我们认识不到这一点，常常以一种“坚持真理”的姿态去伤害别人的自尊心，就会使我们的生活处处碰壁，人生的旅途就很容易拐进死胡同。在人际交往中，平等对待别人、尊重别人，才是“真理”。除此之外，只有冲突和调和，没有真理。

本杰明·富兰克林在自传中写道：“我立下一条规矩，决不正面反对别人的意见，也不让自己武断。我甚至不准自己在文字上或语言上持过分肯定的意见。我决不用‘当然’‘无疑’这类词，而是用‘我想’‘我假设’‘我想象’。当有人向我陈述一件我所不以为然的事情时，我决不立刻驳斥他，或立即指出他的错误；我会在回答的时候，表示在某些情况下他的意见没有错，但目前看来好像稍有不同。我很快就看见了收获。凡是我参与的谈话，气氛变得融洽多了。我以谦虚的态度表达自己的意见，不但容易被人接受，冲突也减少了。我最初这么做时，确实感到困难，但久而久之就养成了习惯。使我提出的新法案能够得到同胞的重视。尽管我不善辞令，更谈不上雄辩，遣词造句也很迟钝，有时还会说错话，但一般来说，我的意见还是得到了广泛的支持。”

“打人不打脸，说人不说短”，如果你能记着给人留面子，那你脚下的路一定会更好走，你的人缘也会越来越好。

总而言之，人要想活得精彩，就离不开朋友的帮忙，而想要留住朋友，就要注意维护朋友的面子。这就如同给你们的亲密关系罩上了一层防护网，这样友情才能长久。

不要轻易踏入他人的空间

如果你侵入了对方的舒适区域，对方就会感到紧张，这样对方就会走神，开始想着如何拉开与你的距离。

在自然界，所有动物都有领土意识。比如狗，它们在住处四周撒尿，就是在划领土，警告其他狗别越界闯进，若哪只狗闯了进来，便上前赶走。大到狮子老虎，小到老鼠昆虫都有这种行为。

基本上，领土意识就是自卫意识，人也像动物那样拥有这种意识，只是和动物昆虫的表现方式不同罢了。因此，千万要注意，别因为疏忽而引起不必要的麻烦。

一位心理学家做过这样一个实验：在一个刚刚开门的大阅览室里，当里面只有一位读者时，心理学家就进去拿椅子坐在他或她的旁边。实验进行了整整80人次，结果证明，在一个只有两位读者的空旷阅览室里，没有一个被试者能够忍受一个陌生人紧挨自己坐下。当心理学家坐在他们身边后，被试验者不知道这是在做实验，更多的人很快就默默地走开到别处坐下，有人则干脆明确表示："你想干什么？"

这个实验说明了人与人之间需要保持一定的空间距离。任何一个人，都需要在自己的周围有一个自己把握的自我空间，它就像一个无形的气泡一样为自己"割据"了一定的"领域"。当这个自我空间被人触犯就会感到不舒服、不安全，甚至恼怒起来。

小刘已经在一家外企上班好几年了，平日里踏实肯干，兢兢业业很受领导的好评。上级主管对他的印象非常好，但最近主管对他的态度却变了。这让小刘很是疑惑。仔细想来，可能是有一天，小刘到主管那里送文件，恰巧主管不在，小刘就坐在了主管的椅子上等他。主管回来后看见他脸色当时就黑了，小刘虽有发觉但并没有放在心上。但主管却认为小刘的行为侵犯了他的“领地”，以后对他怎么会有好脸色？

或许有些人会认为不就只是坐了一下座位嘛，又没什么坏念头。事实上，这样的举动已经侵犯了别人的“领地”，对方会感到不快的。这不快不会立即表现出来，也不会像狗或蝴蝶那样，把你“驱逐出境”，但这种不快的感觉会藏在对方的心底，对你就有了坏印象。你不能怪别人这么想，因为有这种想法是非常自然的，换成是你，也是如此！

就一般而言，交往双方的人际关系以及所处情境决定着相互间自我空间的范围。由此，无论是在工作还是在生活中，别人的地方，没有必要时，不要随便靠近，尤其是主人不在的时候。就算你是主管，也要注意，不要没事就到别的部门去聊天，因为这会令那个部门的主管产生“领地被侵犯”的不安全感，毕竟在别的部门里，其主管才是唯一的权力象征，你无缘无故地出现，就好像要和他争夺权力似的。当然，谈公事时例外，但应只限于主管和主管接触，不可随意去接触他的属下。

如果你下面有几个部门，你也要尊重这些小主管，不要以为你是大主管，没事就到任何一个部门聊天，除非那个主管也在现场，偶尔为之无妨，长期下来，那么小主管心里就不会舒服了。这种领地意识看起来很无聊，却是很实在的，如果你不注意而侵犯了别人的领地，就会惹出你想也想不到的麻烦。

美国人类学家爱德华·霍尔博士划分了四种区域或距离，各种距离都与对方的关系相称。

1. 亲密距离

范围在0～44厘米之间，可能表现为肌肤相触，耳鬓厮磨，也可能表现为挽臂执手，或促膝谈心，体现出亲密友好的人际关系。就交往情境而言，亲密距离只限于在情感上联系密切的人之间。在异性之间，只限于夫妻和恋人。

2. 个人距离

范围在46～122厘米之间。任何朋友和熟人都可以自由地进入这个空间，不过，在通常情况下，较为融洽的熟人之间交往时保持的距离更靠近范围的近距离46厘米一端，而陌生人之间谈话则更靠近范围的远距离122厘米一端。

3. 社交距离

范围在1.2～3.7米之间，一般在工作环境和社交聚会上，人们都保持这种程度的距离。例如，公司的经理们常用一个大而宽阔的办公桌，并将来访者的座位放在离桌子有一段距离的地方，这样与来访者谈话时就能保持一定的距离，可以营造一种庄重的气氛。

4. 公众距离

这是公开演说时演说者与听众所保持的距离。其近的范围是3.7～7.6米，远的范围在7.6米之外。这个空间的交往，大多是当众演讲之类，这是一个几乎能容纳一切人的“门户开放”的空间，人们完全可以对处于空间的其他人视而不见，不予交往，因为相互之间未必发生一定的联系。若想发生联系，必须使两个人的距离缩短为个人距离或社交距离，才能够实现有效沟通。

显然，相互交往时空间距离的远近，是交往双方之间是否亲近、是否喜欢、是否友好的重要标志。因此，人们在交往时，选择正确的距离是至关重要的。

有效沟通，小心误会绊脚

误会是指别人对我们的看法与实际情况不符，是无意之中产生的认识上的错觉。误会形成的原因有两个方面：一是自身的言行不够谨慎，言谈行事有欠周到、细致、精明之处，致使他人不能准确地领会我们的意图；二是对方的主观臆测，由于每个人不同的经历、学识、价值观、气质、心境等因素的影响，对同一件事、同一句话，不同的人会有不同的理解。误会往往是矛盾的根源，对事情的曲解是误会产生的最普遍的原因。对于性格内向的人来说，由于对误会的态度大多是保持沉默，因而使误会趋于更加严重的程度。

人们倾向于把情绪贯注于事物以外，常常联想从前发生的类似不愉快的事件，把叠加的不愉快情绪释放于此处。在沟通过程中出现夸大讲述、跨越联想等现象，把陈年旧事列在一块“兜售”，从而使误会变得更深。可以说，不能有效地沟通是产生误会的最主要原因，而一旦产生误会，如果不采取措施弥补，是无法解决的。

如果在进行一段时间的沟通后仍旧没有进展，我们就应当想一下是否是因为误会的存在而引发了无效沟通。如果误会不得以解决，不仅会造成沟通上的不明确，更会因为没有及时得以解决而趋于扩大，最终闹得无法收拾。你误会过别人或者被别人误会过吗？冰释前嫌是不是非常赚人眼泪？还有很多的误会最后变成了仇恨，但也有很多的误会在解开的那一刹那，两人变成彼此的朋友。

张清在一个大型建材批发市场经营自己的门店。一天，一个客人来问价格，应该是想进货的。客人问完之后就走了，但很快又折回来，说手机丢在柜台上了，回来拿手机。张清并没有在柜台上看到手机，而且刚才也没有其他人进店里来，就对客人说："您的手机不在这，您是不是记错了？"

那客人显然是个急性子，听张清这么一说立刻就翻脸说："明明刚才询问价格的时候顺手把手机放在柜台上了，是不是被你藏起来了？你要说没在你这里，你店里不是有监控吗，我们查看下监控不就一清二楚了吗？"张清无奈，为了澄清事实，只好带客人来电脑前查看监控录像。但事有凑巧，刚好那天监控出现了问题，屏幕上显示的只是实时监控画面，并没有存储。这下客人似乎更加坚定了自己的想法，他坚持让张清把手机拿出来，否则哪有那么巧，就在这个当口，监控出现了没有存储的问题！

面对急躁的客人，张清并没有生气和反驳，而是对客人说："这样吧，把你的号码给我说一下，我打你电话试试。"客人就报了号码，或许是因为没听清楚客人的外地口音，张清按错了一个数字，结果显示对方关机了。客人仿佛又找到了新证据，说手机被张清关机了，准备报警！于是误会再次加深。

至此，张清还是没有跟客人吵，而是说："你要报警就报警吧，反正我确实没见到你的手机。"这时，店里的其他客人好心帮忙说，不然用我的手机再拨一遍吧。这次号码按对了，手机通了，依着声音寻去，发现手机在客人车的后备厢里。原来，客人从张清店里离开后到后备厢放东西，把手机落那儿了，后来在前排找了一圈没找着，就想肯定是把手机落在柜台上了，继而就认定张清拿了手机。误会终于解开了，客人道歉说："是我误会了，态度还那么差，但是你不跟我理论，也没有争吵，你的态度真好，我决定不去比价直接从你店里进货。"

张清依旧笑笑说："我没做亏心事，心里坦荡荡，不怕被误会，你的手机找不到了，心里着急，所以态度不好，我吵了也没用，一则不能洗脱我的嫌疑，二则还会影响生意，不如帮你找到手机，一切就都清楚了，不是吗？"

在别人误会我们的时候，也许我们能做的就是以不卑不亢的心态去解决问题，因为没做亏心事所以不卑，因为吵了也没用所以不亢。

当误会产生时，不要轻易地指责另一方，而要自己寻找对策。应该说，只要对方不是故意找麻烦，闹别扭，那么误解总是有原因的。因此，要先检查一下自己是否有被对方引起误解的言行。如果有，应该立即找到症结，并向对方解释清楚，保证今后多加注意；如果没有，也不要随意责怪对方，而应采取积极适当的方法，以消除双方的误解。

心理学家认为，要达到沟通目的，必须做到具体、明确、不断地更新。如果你想沟通得顺利，就得避免那些含混的词句，同时知道该如何问些具体的话。我们之所以要求说话明确，其目的就在于尽量传送有用的信息。你说的话越接近自己的本意，就越能表明自己的立场，这也就是我们所说的明确。唯有如此，我们才能尽量避免误会的产生，达到沟通的有效化。那么，对于被人误解，我们又该如何应对呢？

1. 安静面对误会

本来就不是所有的人都得了解你，不了解你的人说几句刺耳的话也很正常。当一个人误会你的时候，他当时的情绪肯定是有点激烈的，对方也许会毫不顾及你的感受，对你大加指责，甚至是谩骂。此时，你若是去解释，只能换回对方的讥讽，辩解反而会引起更深的误会。误会发生的那一刻，先保持安静，等对方发泄完，也许沉默就是最好的解释。

2. 解释原因

待对方冷静了，你就可以向对方解释了，不管对方怎么想，你只要把事情解释清楚了就好了，让对方自己去想明白吧。

3. 注意说话的方式

在和他人沟通的时候，为了不引起他人误解自己的意思而造成别人对自己的印象不好，说话的方式也是很重要的，不要随便用粗俗的话语，要彬彬有礼地和他人交谈。

4. 需要有耐心

在和他人沟通的过程中，很多时候并不能按照我们的想法顺利进行。如果想达到自己预期的结果，就必须要有耐心，能冷静沉稳地调整好自己的心态。

5. 考虑他人的感受

说的人没有那个意思，但是听的人可能会误解其中的意思，所以说话的时候一定要注意自己的语言表达，在说话之前最好多考虑他人的感受，再开始向他人表达自己的意思。情绪不好的时候说什么都像是在狡辩，等到情绪冷静下来了，就会觉得事情没那么严重，自己那么对人家有些过分了。误会你的人也是一样的，他在情绪平稳后也会这样想的，所以你要给他时间冷静下来。

6. 要学会沉思

别人误会了自己，不要觉得都是别人的恶意，要重新思考自己所说的每一句话，做的每一件事，是不是自己也有不对的地方，细细思考一下，渐渐就能心平气和了。

7. 重新沟通

独处一会儿就好，不要真的不理对方了，除非你觉得误会你的那个人太可恶，你根本不想再联络他了。误会你的人若是朋友、亲人，不理可就不对了，对方跟你道歉你要接受，要重新好好地跟对方沟通，让对方知道你心地好，误会既然解开了就不计较了，原谅对方了，这样对方会对你很感激，会更信任你，会加深你们的感情。

巧妙批评，做到“良药不苦口”

通用电器公司的总裁查理·里德在他的自传里说：“当人们犯错误的时候，他们最不愿意看到的就是惩罚。”其实，一个人犯了错误，最痛苦的是其自身，应该给其改正错误的机会。

世界上没有十全十美的人，没有谁能保证一辈子都不做错事。因此，对待有过错的人才要有宽容的胸襟，不要因为对他们的期望高而求全责备。

虽然说“良药苦口利于病，忠言逆耳利于行”，可是到了现实生活中却不完全是那么回事了。几乎人人都爱听赞美之词，不愿意听批评之语，究其原因，主要是因为人们不懂批评的方法，不善于把握批评的艺术。

批评不是一件简单的事情，批评有其技巧和艺术，有其方式方法，不能把所有的反对意见和不同意见都说成是批评。批评要既能达到批评的目的，又不至于伤害每个人都有的自尊心，批评若能做到“良药不苦口”，才算是真正做到家了。以下几条原则是批评艺术的集中表现。

1. 批评要端正心态

批评他人，自己首先要有一个良好的、端正的心态。如果自己的心态不端正，甚至扭曲或者极端扭曲，那么，这种情况下的批评，极有可能演变为一种针对他人的个人攻击和名誉毁谤，甚至造成一系列的恶果。

2. 批评必须实事求是

弄清事实是正确批评的基础，不能无缘无故地批评，更不能把自己的不悦转嫁给他人。对同样的过错，不能因出身、职位、声誉和亲疏等方面的不同而处理不一，表现出前后矛盾。

3. 批评要态度鲜明

在决定批评内容前，先要知道自己的批评是针对哪一种行为表现的。确定了这一点，才不至于把话说得含含混混，才不会使对方觉得你是在推卸责任地批评他。

批评切忌表达含混不清。有的人因担心被人视为刻薄尖酸，便用一些很委婉的语言来表达批评，如将“喜欢斗殴”说成“为赢得论点及吸引注意力诉诸体力手段”，将“说谎”说成“难于区分幻想与实际”，将“作弊”说成“有待进一步学习公平竞争的规则”等。这样说，虽让人听着不那么刺耳，但失去了批评的语气，显得像是在调侃，而达不到预期的效果。

4. 批评口气要尽量委婉

不恰当的措辞，可能激怒对方。比如：“你必须听我的，改变那种做法，否则……”这种命令威吓很难使人心服口服，即使可能出于下级服从上级的原因，表面服从了你，他的心里一定怨恨你。命令威吓是最伤人自尊的。而口气温和、委婉，会使对方心理上产生内疚感，从而愉快地接受批评。批评时，态度要诚恳，语气要温和。得体的语调、表情或其他的身体语言，可以避免彼此意见沟通时的敌意。

5. 设身处地替对方想一想

设身处地有两种方法：一种是让被批评者站在批评者的角度，让他想一想：“如果你是我，你想想，我出了这样的错，你批评不批评？”让他换个位置来认识自己的过错。二是让批评者站在被批评者的角度，假如我是他，我对自己的过失是否已经有了很深刻的认识，甚至会主动检讨而不希望被人严厉呵斥？

双方均为对方设身处地地想一想，在做出批评与接受批评方面就容易协调了。批评者也就能视对方认识过错程度的深浅而把握批评的分寸。

6. 批评要注意时机、场合

批评一定要注意场合，最好是在没有第三者在场的情况下进行，否则，再温和的批评也有可能刺激受批评者的自尊，因为他会觉得在他人面前丢了面子。他或许以为你是有意让他出丑，或许认为你这个人不讲情面，不讲方法，没有涵养，甚至在心里责怨你动机不善。因为批评人不注意场合，带来这么多的副作用，受批评者心生怨恨，批评人、改变人的目的就很难达到。

即使必须在现场当众改变人、批评人，态度和措辞也要特别谨慎。要以不刺伤他人的自尊为前提，否则很难达到批评人、改变人的目的。批评时最好选在单独的场合，你的独立办公室、安静的会议室、午餐后的休息室，或者楼下的咖啡厅都是不错的选择。

7. 把教育和批评结合起来

批评的目的是使人知错改错，弃旧图新。因此，要把批评和教育结合起来。这个结合的常用公式是“教育—批评—教育”。就是说，首先要注意先教后“诛”，即说服教育在前，批评在后，这样做可以减少犯错误和违纪的行为，即使犯了错误，因为有言在先，在执行法纪时，也容易认识错误，乐于改正。如果不教而“诛”，人们就会不服气，甚至产生怨气。

8. 要坚持就事论事，点到为止

不要唠唠叨叨，没完没了，更不要把昔日陈芝麻烂谷子的事一股脑儿地抖搂出来，搞“扩大化”，数落得对方一无是处，这会使他们产生自卑感，难以增强改正缺点的信心。其实，今天发生的事未必与昨天、前天的事有关联，即使有关联也不应算总账。我们要就事论事，不要无限外延。

任何一个人的能力都会在批评下萎缩，却能在鼓励下绽放。以上几种批评的方法若运用得合理恰当，能给批评方和被批评方都带来相对平和的心态和较好的结果。反之，不但会伤了和气，还有可能造成不必要的误解和分歧。批评的目的是为了解决问题，而批评方式的采用是为了批评目的服务的。只有批评方式恰当而合理，别人才会欣然接受，这样的说话方式别人才最爱听。

话不说满，给自己留下回旋的余地

客家有句俗语："人情留一线，日后好见面。"生活中很多尴尬是由自己一手造成的，其中有一些就是因为话说得太绝造成的。凡事多些考虑，留有余地，总能给自己留条后路。

人际交往的诀窍有很多，说话的艺术必不可少，想在人际交往中游刃有余，最重要的一点就是，说话留有余地，不说绝对的话。

老秋是山东人，脾气又直又倔，常常得罪人。最让人接受不了的是他总是不注意给人留余地，非要把事做绝，把话说绝。年轻时，老秋在山东有个不错的工作，工资优厚，又很清闲，没什么人事斗争，与老秋的脾气很合。可是有一次，老秋为了一件事和一个关系很好的同事吵了起来，大家都过来打圆场，那个同事也软了下来，表示愿意道歉。老秋却不依不饶，扬言要把同事赶出这间办公室："有他没我，有我没他！"大家都劝老秋："何必把事做得这么绝呢！和和气气地放人一马不好吗？"但老秋不肯答应。结果三个月以后，那个同事居然升迁了，这样一来，老秋只好辞职，一个人跑到北京来了。老秋吃亏不长记性，在现在的单位还是老脾气，同事们都离他远远的，大家说："千万可别惹上老秋，那股不依不饶的劲，不把人逼到绝路上是誓不罢手啊！"就这样，老秋成了"独行侠"，在单位里工作了七年，竟然没交到一个朋友。

老秋犯了处世的大忌，他说话不留余地，其实就是断了自己的后路。

话不说满，留有余地，日后方能进退自如，自然从容。这在外交辞令中是见得最多的。每个外交部发言人都不会说绝对的话，要么是“可能”“也许”，要么是含糊其词，以便一旦有变故，可以有回旋余地。

某公司新研发了一个项目，老板将此事交给了下属小张，问他：“有没有问题？”

小张拍着胸脯回答说：“没问题，放心吧！”

过了三天，没有任何动静。老板问他进度如何，他才老实说：“没有想象中那么简单！”虽然老板同意他继续努力，但对他的信誓旦旦已经开始反感了。

人人都讨厌空话连篇的人，吹得天花乱坠，实际行动却不见几分，难免让人觉得华而不实、难以信任。不如低调一点，多干活儿少说话，用实际行动证明自己的价值。说话和办事就如同希望和现实，希望往往比现实更美丽，但是要知道“希望越大，失望越大”。还不如把对方的希望变得小一点，这样他们得到的惊喜也就会大一点。

在做事的时候，对别人的请托可以答应接受，但最好不要“保证”，应采用“我尽量”“我试试看”等字眼。上级交办的事当然要接受，但不要说“保证没问题”，应代以“应该没问题，我全力以赴”之类的字眼。这是为了防止自己做不到而留的后路，而且这样说也无损你的诚意，反而更显出你的谨慎，别人会因此更信赖你，即便事没做好，也不会太责怪你。

用不确定的词句可以降低人们的期望值，你若不能顺利地做成某件事情，因对你期望不高，人们最后总能谅解你，而不会对你产生不满。有时他们还会因此而看到你的努力，不会全部抹杀你的成绩。如果你能出色地完成任务，他们往往喜出望外，这种增值的喜悦也会给你带来很多好处。

英国首相丘吉尔也非常明白给人留余地的妙处。

张伯伦在担任英首相期间曾再三阻碍丘吉尔进入内阁，他们政见非常不和，特别是在对外政策上存在很大的分歧。后来，张伯伦在民众对政府的信任投票中惨败，社会舆论赞成丘吉尔领导政府。出人意料的是，丘吉尔在组建政府的过程中，坚持让张伯伦担任下院领袖。他认识到保守党在下院占绝大多数席位，张伯伦是他们的领袖，在自己对他们进行了多年的批评和严厉的谴责之后，取张伯伦而代之，会令他们许多人感到不愉快。因此，为了国家的最高利益，丘吉尔决定留用张伯伦，以赢得这些人的支持。

后来的事实证明，丘吉尔的决策非常英明。当张伯伦意识到自己的绥靖政策给国家带来巨大灾难时，他并没有利用保守党的领袖地位刁难丘吉尔，而是以反法西斯的大局为重，竭尽全力做好自己的分内之事，对丘吉尔起到了极大的配合作用。

无论何时，我们说话的时候都要提醒自己，要给自己留余地，使自己可进可退，这好比在战场上一样，进可攻，退可守。有了牢固的后方，可出击对方又可及时地退回，自己依然处于主动的地位。这样虽然不能保证自己一定会处于战无不胜的地位，但是至少可以保证自己不会败得一塌糊涂。

物极必反，“花未全开月未圆”才是最好的时候。一个人如果想获得众人的支持，想把自己的好运维持得长长久久，那就要记着在处世中不要把话说得太满，具体来说，需要注意以下几点。

1. 话不要说过了头

凡事都有一个度，在一个别人可以容许的范围内是可以被人接受的，但是如果超过了这个度就会给人留下把柄。牛皮你可以吹，但是不要吹得太离谱；大话你可以说，但是不要说得太过，否则只会自取其辱。有一句话说：“十句话里要有九句真话，这样说一句假话才有人信。”如果假话太多，就露了底，再也没人会信你了。

2. 话不要说得太绝对

凡事都没有绝对的，没有绝对的正确，也没有绝对的错误。因此人们对于绝对的东西，在心理上有一种排斥感。比如，当你斩钉截铁地说："事实完全就是这个样。"此时在别人心里会有疑问："难道真的一点也不差？"也许你的表达是事实，可是他心里老是琢磨"难道一点也不差"的时候，对你的话语的领悟就有点舍本逐末了。倒不如这样说："事实就是这个样子。"

在谈话时，即便是我们绝对有把握的事，也不要把话说得过于绝对，绝对的东西容易让他人挑刺。而现实是，如果对方有意挑刺，还真能挑出刺来。与其给别人一个挑刺的借口，不如把话说得委婉一点。同时，如果不把话说得那么绝对，我们还可以在更为广阔的空间与对方周旋。

3. 话要说得圆润

当我们为了某个目的与他人谈话时，话就要说得圆润一些。话说得太直，会激恼对方，即便是理在己方。说得圆润一点，能给我们留下一定的回旋余地，从容地达到谈话的目的。

总之，话不要说满，事不要做绝。无论矛盾有多深，最好都不要说出"势不两立"之类的话，否则日后万一有合作的机会，一定会左右为难，尴尬万分。时时处处留有余地是为人处世的大智慧，进可攻，退可守，这才是成功的做人之道。

不要用言语触碰别人的忌讳

生活中，有的人总是口若悬河，该说的不该说的总是口无遮拦的一并倾出，也不管听的人是否乐意听。殊不知，言谈之间没有一丝节制的人，只会遭人厌恶。

明太祖朱元璋打下了天下做了皇帝，曾经和朱元璋一起讨过饭的两个伙伴听了高兴得不得了，他们决定前往京城会会这位当年的伙伴，自己也好沾点光。

其中一位朋友比较有学问，他对朱元璋说："我主万岁！当年微臣随驾扫荡庐州府，打破罐州城。汤元帅在逃，拿住豆将军，红孩子当兵，多亏菜将军。"此话很中听，又勾起了朱元璋以前的回忆，于是下令奖赏了这个伙伴。

另一位朋友听说此事也兴冲冲地拜见朱元璋，一进金銮殿他就指手画脚地说道："我主万岁！你不记得吗？那时候咱俩都给人家放牛，有一次我们在芦苇荡里，把偷来的豆子放在瓦罐里煮着吃，还没等煮熟，大家就抢着吃，把罐子都打破了，撒下一地的豆子，汤都泼在泥地里，你只顾从地上抓豆子吃，结果把红草根卡在喉咙里，还是我出的主意，叫你吞下一把青菜，才把那红草根带进肚子里。"朱元璋一听，脸上一阵红一阵白，这人在众多大臣面前竟然揭他的短，于是下令拖出去斩了。

第二位穷朋友说话不得当，犯了朱元璋的忌讳，尤其是在群臣面前揭短，也难怪会葬送了自己的性命。无论是谁，口无遮掩地说话都是要不得的。即便当时没有危险，可是和对方结下怨恨，终究是没有好处的。

在人际交往中，有许多内容不适合用来谈论，也有许多细节需要注意，这些就是禁忌。谈话的禁忌有许多，每个民族、每个人的禁忌又有所不同，因此需要在日常谈话中不断地加以总结积累。比方说，你称呼人家的小男孩为小弟弟，但是在太仓人听来，认为你是在骂他；你称呼老年男子为老先生，但是在江苏嘉定人听来，你是在侮辱他；你在安徽，称呼朋友的母亲为老太婆是尊敬她，但在江浙地区那简直是骂她了。总之，各地的风俗不同，说话上的忌讳各异，在与人交际时，必须留心对方的忌讳话。一不留神，脱口而出，最易令人不快。

每个人都有其特殊的忌讳，在与人进行沟通时你就需要事先了解清楚。比如，对方的父母离异，你如果不知底细，任意闲谈，在对方面前谈论其他人的父母早已离婚，说某某是个私生子……虽然你说的都是与对方不相干的人和事，但是对方并不这么认为，他会认为你在指桑骂槐，揭他的底子。即使他不便立即发火，内心却是很难受的，对你的愤恨不问便知。

孙武有句名言："知己知彼，百战不殆。"其实，这句话可以用作我们在人际交往中的原则。留心对方的忌讳，在交际上原是一件小事，在彼此之间的交际上却是一件大事。你生活在这个社会中，冤家越少越好，如果因为说话不慎而结了冤家，那是最不值得的。如果你花了多年心血建立起来的友谊，被随口而出的一句话给毁了，确实非常可惜。以下这些禁忌可供大家参考。

1. 忌语言粗俗

在人际交往中，语言粗俗是大忌。不礼貌的语言，如粗话、脏话，会给人留下非常不好的印象，一定要避免使用。另外，在谈话中也要尽量避免使用他人忌讳的语言。比如谈到某人死了，可用"病故""走了"等委婉的语言来表达；在议论某人（尤其是女士）的长相时，可把"肥胖"说成"丰满"或"福相"，"瘦"则用"苗条"或"清秀"代之。语言文明是一个人自身修养的体现，文明的谈吐可以给对方留下一个良好的印象。

2. 忌言而不实

言而不实的人说话很少有个准数，要么与事实本身不符，要么说一套，做一套。有些时候，言而不实的人说的也不完全是假话，更多的时候是确有其事，只不过话从他们嘴里出来就走了样，或有夸大，或有虚构。长此以往，言而不实者极易失去别人的信任。

3. 忌揭人隐私

任何一个人在心灵深处都有隐私，都有一块不希望被人侵犯的领地。现代人极为强调隐私权，所以切勿询问对方的工资收入、财产情况、个人履历、服饰价格等私人生活问题。另外，也不要询问女性的年龄、是否婚配等。在谈话中，一旦对方表示不愿回答你的问题时，就不要再继续追问，赶快转移话题。如果已经引起对方的反感要立即道歉，以免日后造成不必要的麻烦。

4. 忌自作聪明

自作聪明的人特别爱说话，总觉得自己比别人聪明，摆出一副什么事都知道的架势。因此在言语行为上，他总认为别人说得不好，考虑得不周，其实自己的意见也高明不到哪儿去。

5. 忌语言刻薄

有的人伶牙俐齿，说话咄咄逼人，攻击性特别强，而且往往伴有冷嘲热讽，不给人留情面，往往因为一句话就会失去别人的友谊和信任。言语刻薄会影响我们的交际效果，让我们很难交到真心朋友，对事业有百害而无一利。

6. 忌插嘴插舌

插嘴插舌者不懂得尊重别人，他们有时会插到别的话题上，有时会把你的结论代为说出，以此得意扬扬地炫耀自己的能耐，无论是哪种情况，都会让原来说话的人顿生厌恶之感。

7. 忌心不在焉

为尊重对方的谈话，首先要做的就是必须保持端庄的谈话姿态。如果你说话时，别人把注意力分散到别的地方，像灵魂飞到别处去了一样，眼睛看着前方，或若有所思，或突然问："噢，你说到哪儿啦？""你刚才说什么来着？"

这时你一定的觉得说话的兴致全无。

8. 忌武断暴躁

武断暴躁的人是一种特别没耐心且相当自负的人。他总觉得自己是对的，问题出在别人身上。别人讲话时，话题突然被打断，会让对方产生不满或怀疑的心理。对方会认为你不识时务，水平低，见识浅；或是认为你讨厌、反感这类话题；或是认为你不尊重人，没有修养。

9. 忌空泛说教

朋友和同事间的关系是平等的，不能自以为是，居高临下，唯我独尊。盛气凌人的训斥会刺伤对方的自尊心，这种习惯将使你成为孤家寡人。人类有一种共性：没有谁喜欢接受别人的命令和训斥。千万不要自以为是，要让别人也有自己的面子和尊严。

10. 忌自我吹嘘

夸口、说大话、“吹牛皮”的人，常常是外强中干的，而且他们的目的只是为了引起大家对他的关注，以满足自己的虚荣心。你留意一下就会发现，他讲的主题只有一个，即他自己，几乎每句话都会出现一个同样的字——“我”，这个无限重复的“我”很容易让人失去耐心。朋友、同事相处，贵在讲信用。自己不能办到的事情，胡乱吹嘘，会给人留下华而不实的印象。卖弄自己，显示自己才华横溢、知识渊博，对方会有相形见绌的难堪，过分关注自我、忽视旁人的“自我中心”最终会沦为“自我孤立”，这也不利于交往。

11. 忌说长道短

在生活中，有些人由于缺少健康、高尚的情操引导，往往爱关注无聊的琐事，爱探听别人的秘闻逸事。有时是为了增加闲谈的资料，有时是为了满足好奇心，这类人还会把这些秘闻逸事添油加醋，然后传播出去，并以此为乐，以此为荣。这样的说长道短是一种低级趣味，对人际关系的损害是极为严重的，是交际中必须摒弃的。

12. 忌辩论成狂

说话是为了交流，而有的人说话时咄咄逼人，无论别人怎么说，说什么，他总要拿出不同的或者相反的观点与别人对抗。这种不是为了真理而辩论，而只是为了辩论而辩论的人，或许自己感觉这样很有趣味，其实，在日常交际中，辩论成狂将会吓跑他周围的朋友。生活不是辩论场，我们也不是职业辩手。生活中更多的应是平和的交谈，而不是激烈的争辩。到处剑拔弩张的生活，有谁会喜欢呢？

13. 忌喋喋不休

内心有烦恼、积怨、痛苦、委屈，虽需要找人诉说，但不能随便地在不太熟悉的人面前倾诉。其实，每个人的生活都有烦恼，而别人有什么义务浪费时间听你那容易破坏心情的过分唠叨与抱怨呢？因此，要保持心理上的镇定，控制自己，力争同任何人的谈话都有实际意义。

第九章

常怀一颗“取经心”，才能超越自我

人人都在追寻快乐，但只有一个切实有效的方法，那就是控制你的思想。快乐不在于外界的情况，而是存在于你的内心。对此，林肯曾说过：“多半的人都可以决定自己有多快乐。”

小测试：你的交际状态如何

假如你想参加国际拍卖会，收购一些中国的古董文物，你会打算先收藏哪一类的古董？

A. 陶瓷　　B. 书画　　C. 佛像　　D. 玉器

测试结果

选择A：你善守中庸之道，希望和朋友的交往有节有度，不会太过亲密，也不会太疏远。因为你总是很实际地考虑和朋友之间的交际。虽说出门在外靠朋友，可是你因听多了负面的例子，也担心被朋友陷害利用，所以感觉还是谨慎小心为妙。

选择B：你狂妄的性格总为自己带来一点麻烦，惹得别人对你的死硬脾气有点不满。人家觉得不是很重要的小节，在你眼中，可是了不得的大事，要是触犯了你的禁忌，十年不相往来也是很有可能发生的事。虽说如此，你对于合得来的知交，却是好得不得了，出手阔绰，令人咋舌。

选择C：你是好好先生，不太会发脾气，所以和你在一起的时候，不会感到太大的压力。但那也是你外表显现的特质，因为你喜欢与人为善，不爱和别人起冲突，宁可自己吃亏，把怨气往肚子里吞，脸上还是不愠不怒。假如对方还是很过分，你只会默默与对方保持距离，而不会在别人背后口出恶言。

选择D：你处处都能表现出高雅的气质和生活方式。朋友很喜欢和你亲近，希望能沾染一点你的脱俗气息。但你也很挑剔，只有你看得上眼的人，才会被邀请到家里玩。

心态决定你的人生

两个人在一望无际的沙漠里艰难地跋涉，他们只有半壶水了。悲观的人说：“情况不妙啊，只剩下半壶水，看来我要陷入绝境了！”乐观的人说：“太棒了，还有半壶水可以维持生命，我一定能在天黑前离开这里！”

面对相同的环境和条件，有的人能够积极面对，即便眼前的形势不太乐观，也会努力做出改变，迎来胜利的转机；而另一些人遇事悲观失望，总是消极地看待眼前的局势，他们的人生是黯淡无光的。之所以出现截然相反的结果，是因为人们的心态不同。

心态决定了一切，它控制着一个人的思想和行动，决定了一个人的视野和成就。成功人士拥有积极健康的心态，所以他们在拥有“半壶水”的时候也能主动接受挑战、应对麻烦，始终心有喜悦。心态消极的人总是悲观地看问题，所以容易陷入迷茫，郁郁寡欢是他们的常态。

爱默生曾经说过一句话：“一个人就是他整天所想的那些……他怎么可能是别的样子呢？”想知道一个人的本性，只需知晓那个人在想什么。每个人都有自己的特性，而它取决于当事人的思想。一个人的命运完全是由他的心理状态决定的，正所谓“心态决定一切”。

英格莱特住在印第安纳州，他现在还能活着，可以说是一个奇迹。多年前，他得了猩红热，由此开始了一段不幸的人生旅程。当他康复以后，又得了肾脏疾病。

“那时我甚至去找巫医，可没人能把我治好。”英格莱特先生回忆道，“这也不是最坏的结果，因为不久之后我的血压升高，去医院求助，医生说血压已经到了214帕的最高点，没救了，只能准备后事了。”

回到家之后，英格莱特沉浸在痛苦中不能自拔。他开始忏悔自己犯过的错，回想短暂一生的点点滴滴。这种日子持续了一周，他对自己说：“我既然活不了太久，为何不快快乐乐地生活呢？”

“从那天以后，我脸上每天都带着微笑。当然，开始的几天心里并不好受，可是我强迫自己忘记即将离世的事实。就这样，好几个月过去了，我每天都过得很开心，竟真的忘记了自己是一个将死之人。”英格莱特先生说话时脸上泛着健康的光泽。

现在的英格莱特先生不但身体健康，而且活得很快乐。他的血压已经降了下去，整个人的气色也和正常人无异。

英格莱特先生如果总想着自己即将离世这件事，那么真有可能如医生预言的那般，在不久之后便会死去。幸运的是他并没有那样做，反而保持良好的心情，忘掉让自己不开心的事。就这样，英格莱特先生的身体好转了，没有依靠任何药物的帮助，仅凭良好的心态。

有一个年轻人总是因为自己困顿的生活怨天尤人，愁眉不展。

一天，一位须发皆白的老人走过来问：“年轻人，为什么不快乐？”

“快乐？我这么穷怎么快乐得起来？”

“穷？你很富有嘛！”老人淡淡地说。

“您是在嘲笑我吗？”年轻人似乎有些生气了。

老人反问道：“假如用1000元换你一个手指头，你干不干？”

“不干。”年轻人看着自己的手指头说。

“假如用1万元换你一只手，你干不干？”

“不干。”

“假如用10万元换你的双眼，你干不干？”

“不干。”

“这不就对了嘛，年轻人，你现在还觉得自己贫穷吗？”老人笑吟吟地问道。青年愕然无语，突然什么都明白了。

如果你早上醒来发现自己还能自由呼吸，你就比在这个星期中离开人世的人更有福气；如果你从来没有经历过战争的危险、被囚禁的孤寂、受折磨的痛苦和忍饥挨饿的难受……你已经好过世界上其他的五亿人了；如果你的银行账户里有存款，钱包里有现金，你已经身居世界上最富有的8%之列了；如果你的双亲仍然在世，并且身体都很健康，你已属于稀少的一族，因为你还来得及去孝顺父母；如果你能抬起头，脸上带着笑容，并且内心充满感恩之情，你是真的幸福了。

在这个世界上，没有人是一帆风顺的，人的一生总会出现这样、那样不如意的挫折与困难，就看你以怎样的心态去面对现实中的挫折与困难。在生活中，拥有良好心态的人面对亲人，即使付出再多也不会说累；反之，则会充满痛苦，产生怨言。在工作中，拥有良好心态的人会积极主动地创造业绩，与他人展开公平竞争；反之，则会对他人的工作成绩产生妒忌心理，恶意造谣生事。

一位伟人说：“要么你去驾驭生命，要么是生命驾驭你。你的心态决定谁是坐骑，谁是骑师。”生活中有快乐、有悲伤、有愤怒、有失落……然而一个人的心情如何，完全由他自己决定。所以，我经常规劝那些喜怒无常、患得患失的年轻人，成功从掌控心态开始，无论是构建良好的人际关系，在工作中有所建树，还是获得快乐幸福。

总之，心态决定人生。可以说，人生的痛苦与幸福，失败与成功，忧愁与快乐，都是由我们的心态决定的。在痛苦、失败、忧愁面前，及时调整自己的心态，这样便可以把自己的生活变成幸福、成功与快乐的了。

保持一颗平常心

歌德说："生活本身就是一条河。它需要激流，但更多的时候，它是平静向前的。"拥有淡泊之心，才能体会到生活的真谛——不因人事而精疲力竭，不因情感而患得患失。有的人每天早上醒来，急急忙忙地穿衣服、吃早餐，再匆忙地开车去上班，横冲直撞地在工作中玩命……陷入紧张焦虑的生活节奏中，怎么会有快乐呢？

如果你终日忧心忡忡、痛苦不堪，感受不到丝毫的愉悦，那一定是你的责任，亚伯拉罕·林肯说："只要心里想快乐，绝大部分人都能如愿以偿。"加贝尔说："快乐纯粹是内在的，它不是由于客体，而是由于观念、思想和态度而产生的。不论环境如何，个人的活动都能够发展和指导这些观念、思想和态度。"

要想做一个快乐的人，最重要的是保持一颗平常心。无论遇到什么人，遭遇什么事，如果都能以一颗平常心待之，并且有意识地培养自己的心理承受能力，自然容易保持舒畅的心情，以及良好的精神状态。

有一个富翁住在郊外的一座大房子里。他家财万贯，有一个能干的妻子和三个美丽的女儿，可是他过得并不快乐。

"妈妈，姐姐非要穿我的新裙子！"小女儿整日到妻子面前告状。

"我就穿，你那么黑根本不适合绿色！"二女儿总是喜欢抢妹妹的一切。

“妈妈，我管不了两个妹妹了，她们简直像乌鸦一样，叽叽喳喳叫个不停。”大女儿除了抱怨，一点忙都帮不上。

“瞧瞧你生的这些女儿！”富翁被这些不懂事的孩子气得吃不下饭。

“这些女儿与你无关吗？你什么时候去镇上，我的裙子已经做好了，过几天就要用，尽快帮我取回来吧！”

“妈妈，我也要新裙子！”二女儿叫嚷着。

“妈妈，不能给她买，她的裙子已经够多了。”小女儿也叫嚷着。

“我真后悔娶了你，还生了那么多叽叽喳喳的讨债鬼。”富翁简直要被家里的吵闹逼疯了，他开始羡慕邻居——夫妻二人盖了一座茅草屋，虽然生活贫苦，但彼此和睦互助，从来不会争吵。

“我们过得还不如隔壁的那家穷人！他们从不吵架！”富翁对妻子说。

“哼，我看不见得。”妻子满不在乎地说，“我自有办法让他们吵。”

富翁百思不得其解，不知道妻子会用什么方法让一个和睦的家庭争吵起来。

这一天的半夜，富翁按照妻子的要求，往邻居家里扔了一些银币。第二天一大早，富翁和妻子躲在茅草屋外，看这对贫苦夫妻的反应。

不一会儿，穷人和妻子来到院子里，准备出门做工。他们看到地上的银币，先是迟疑了一下，然后欣喜若狂。穷人捡起所有的银币回到屋子里，接着，茅草屋传来了激烈的争吵声。

“我们需要一头犁地的牛，而不是你那些无所谓的新衣服。”男人的声音响起。

“我嫁给你以后，从没买过新衣服。过几天参加妹妹的婚礼，我一定要拿这笔钱做一条像样的裙子！”穷人的妻子毫不相让。

“让婚礼见鬼去吧，我不可能把这笔钱浪费在没用的地方！”

接着，屋子里传来女人的哭声和男人的呵斥声。

就这样，几块银币成功地让一个原本和睦的家庭陷入了争吵。

人们无时无刻不在面对各种诱惑、经受各种考验、承受各种磨难，如果无法保持一颗平常心，就会很容易心猿意马，失去理性判断。在上面的故事中，贫苦夫妻意外得到了一些银币，结果原来平静的生活被打破，当银币无法同时满足两个人的心愿时，自然就有了无休止的争吵。这些银币本来是意外之财，但是夫妻二人不懂得感恩，反而燃起了更大的贪欲，难怪没有了往日的和睦与恬淡。

无论遇到什么，只要保持平和的心态，不过度惊喜，不过度忧愁，欢乐就会始终伴随在你的左右。成功学大师拿破仑·希尔说：“人与人之间的差异其实很小，但这种很小的差异却造成了巨大的差异。很小的差异指的是心态，巨大的差异指的是人生结果。”快乐与否，在很大程度上取决于心态，保持一颗平常心就等于掌握了快乐人生的真谛。

三伏天，禅院的草地枯了一大片。弟子说：“快撒些草籽吧，好难看啊。”师父说：“等天凉了吧！随时！”

中秋，师父买了一大包草籽，叫弟子去播种。秋风起，草籽飘舞。弟子道：“不好，许多草籽被风吹走了。”师父说：“没关系，吹去者多半中空，撒下来也不会发芽。随性！”

撒完草籽，几只小鸟即来啄食，弟子又急了。“没关系，草籽本就多准备了，吃不完。”师父继续翻着经书说，“随遇！”

半夜一阵大雨，弟子冲进禅房：“这下完了，草籽被冲走了。”“冲到哪儿，就在哪儿发芽。”师父正在打坐，眼皮都没抬一下，“随缘！”

半个月过去了，光秃秃的禅院长出了青苗，一些未播种的院角也泛出绿意，弟子高兴得直拍手。师父信步踱到院子里，点点头：“随喜。”

禅师的这份平常心，看似随意，其实是洞察了世间玄机后的豁达。为什么我们在面对环境的变化时，心境会反复震荡于浮躁、得意、狂喜、傲慢、迷茫、不安、沮丧、焦虑、恐惧甚至绝望之间？恐怕是因为当我们还是一张白纸时，被灌输了一种狭隘的价值观，有急功近利之心。

我们固然不可能像佛家高僧那样进入一种忘我的、心外无物的高超境界，但我们至少还可以努力去做到临危不惧、处变不惊，成功时不得意忘形，失败时也不灰心气馁，以一颗平常心坦然处之。

始终保持一颗平常心，除了需要强大的内心、坚忍的意志外，还要进行睿智而理性的思考。当你能够淡定地面对各种情况，就说明你理解了人生，而此时的“平常心”其实一点也不平常。在快乐的背后，其实是苦中回甘的艰辛，那种幸福是缺乏历练的人无法体会到的。

宽容，比解决问题更重要

古人常说："将军额上能跑马，宰相肚里可撑船。"佛教有名联："大肚能容，容天下难容之事；开口常笑，笑世间可笑之人。"这些名句、名联无非是告诫人们，为人处世要宽容大度。宽容大度说起来容易，做起来很难。它要求人们在社交场上，必须抑制个人的私欲，不为一己之利去争、去斗。

宽容是一种品质、一种胸怀，也是一种修养，更是一种解决问题的良方。在生活中，我们确实很难做到像圣人那样，去爱我们的仇敌，但是，你要会爱自己，为了我们的快乐而健康地生活。我们可以去原谅他们，忘记他们，这样做是非常明智的，因为我们不能让我们的敌人控制我们的快乐、健康和外表。

一位女士在中途上了开往费城的火车。她走进一节车厢，挑了一个位子坐下。这时，一位略显肥胖的男士走过来，坐在了她对面的座位上，然后，他开始抽起烟来。这位女士忍不住咳了几声，并且表现得很烦躁。可这位男士并没有注意到对面这位女士的反应，终于，女士忍不住开口说："你是外国人吗？你不知道车里有一个专门的吸烟车厢吗？这里是禁止吸烟的。"那个男子一句话都没说，很顺从地把香烟掐灭了。

不一会儿，一名列车员过来礼貌地请她换个车厢坐，因为她坐的是格兰特将军的私人车厢。女士听完后十分惊讶，她显得有点慌张和害怕。在站起身往门口走之前，她看了一眼格兰特将军，那位抽烟的男士，也就是将军，一动不动，脸上没有任何取笑她的表情，也没有让她有什么难堪，和刚才一样，他表现得宽容而大度。

卡里尔说：“伟人之所以伟大，就在于他们宽容和体谅着普通人。”许多伟人之所以受到人们的爱戴，很大程度上就是因为他们身上具有宽容的美德。对于普通人而言，具有宽容的美德会使他显得有涵养，使他魅力四射，令人无法忽视。

宽容是一种胸怀，更是一种解决问题的良方。在生活中，我们常会遇到各种各样的挑战，甚至是恶意的攻击，面对这种情况，我们是应该针锋相对，还是宽大为怀？我们看看成功学大师戴尔·卡耐基的做法。

一次，戴尔·卡耐基在电台发表演说，讨论《小妇人》的作者露易莎·梅·艾尔科特。当然，卡耐基知道她住在麻州的康科特，并在那儿写下那本不朽的著作。但是，卡耐基当时一时口误，说他曾到新罕布什尔州的康科特去凭吊她的故居。而且在其后的节目中，卡耐基又接连两次提到新罕布什尔州——对于这么明显的常识性错误，听众肯定是听出来了，于是无数的信件、电报涌进他的办公室。多数是温和地指出了这一错误，有一些则言辞比较激烈地侮辱他。其中一位名叫卡洛妮亚·达姆的女士，她从小在麻州的康科特长大，她对卡耐基将家乡名人搞错的事实尤为愤怒，她甚至干脆在信件中嘲笑卡耐基是孤陋寡闻的骗子。

我们可以想象，当卡耐基先生读到这封信时的心情，没错，卡耐基一面读她的信，一面对自己说：“感谢上帝，我并没有娶这个女人。”卡耐基先生当时确实也很愤怒，他甚至拿起笔回了一封信告诉这个女人，他是在地理上犯了一个错误，但她在普通礼节上犯了更大的错误。但写完这封信后，卡耐基先生的头脑也冷静了下来，他控制住了自己，他决定试着把她的敌意改变成善意。于是，卡耐基给她打了个电话来解释这个问题。

卡耐基说：“女士，您好，我是戴尔·卡耐基，您写了一封信给我，我向您致谢。在几天前，您听过我的一篇有关露易莎·梅·艾尔科特的广播演说。我犯了一个不可原谅的错误，竟说她住在新罕布什尔州的康科特。这是一个很愚蠢的错误，我想为此道歉并感谢您肯花那么多时间写信指正我。”

听完卡耐基的一番话，对方明显停顿了一下，然后对方似乎是调整了下情绪才开口说：“您好，卡耐基先生，我就是给您写信的达姆，很抱歉，我只是一时发了脾气才写了那封信，现在，我必须向您道歉。”

“不！不！该道歉的不是您，而是我。任何一个小学生都不会犯我那种错误。在那次以后的第二个星期日，我在广播中道过歉了，现在我想亲自向您道歉。”卡耐基说。

“您真是一个真诚的人，卡耐基先生，我是在麻州的康科特出生的。两个世纪以来，我家族里的人都会参与麻州的重要大事，我很为我的家乡感到骄傲。因此，当我听您说艾尔科特小姐是出生在新罕布什尔州时，我真是太伤心了。不过，我很惭愧我写了那封信。”达姆的语气似乎轻松了好多。

卡耐基接着说：“像您这种地位及文化背景的人士很难得写信给电台，如果您在我的广播中再度发现错误，希望您再写信来指正。”

达姆女士在电话那头友善地笑起来：“您知道吗，卡耐基先生？我真的很高兴您接受了我的批评，虽然我的批评确实太过激烈了。您一定是个大好人。我乐于和您这样的人交个朋友。”

在上面的事例中，由于卡耐基工作的疏忽，他先向达姆女士道歉并同意她的观点，使得达姆女士也向他道歉，并同意他的观点，卡耐基很满意，因为他以宽容的态度，来回报对方的侮辱。重要的是，事情有了一个完美的结局——他们成了朋友。

在我们想要发怒时，应该告诉自己：“他们就是我们，他们的错误我们也会犯。”如果你能宽容别人的过失，会比发怒更快乐。

事实上，宽容的态度是人际关系的润滑剂，是人与人之间友谊的桥梁。人们可能会认为，宽容是对别人而言的，因为那样的话别人可以不接受错误的惩罚，也可以不接受良心的谴责。但是，宽容最大的受益者实际上是你们，而并不是别人。宽容是解决问题的最好办法，你的心融化了对方对抗的坚冰，你的灵活性使你化险为夷，通过你的让步，给双方带来广阔的世界，你得到公众的一致认可，人们会更好地理解你、信任你。

不难发现，世界上的任何人都会批评、咒骂、抱怨他人，但并不是每个人都能学会体谅和宽容，只有拥有成熟人格的人才能如此。

遇到无理之人，忍让体现智慧

生活在纷繁复杂的大千世界里，和别人发生着千丝万缕的联系，磕磕碰碰，出现点摩擦，在所难免。此时，如果仇恨满天，得理不饶人，后果只能是两败俱伤，鱼死网破，而如果采取忍让之道，则会“忍一时风平浪静，退一步海阔天空”。哪个更划算，不言自明。

在中国历史上，凡是显世扬名、彪炳史册的英雄豪杰、仁人志士，无不能忍。人生在世，生与死较，利与害权，福与祸衡，喜与怒称，小之一身，大之天下国家，都离不开“忍”。现代社会中，许多事业上非常成功的企业家、金融巨头亦将“忍”字奉为修身立本的真经。因而，“忍”是修养胸怀的要务，是安身立命的法宝，是人脉和谐的祥瑞，是成就大业的利器。

忍是一种宽广博大的胸怀，是一种包容一切的气概。忍讲究的是策略，体现的是智慧。“弓过盈则弯，刀过刚则断”，能忍者追求的是大智大勇，绝不做头脑发热的莽夫。

忍让是人生的一种智慧，是建立良好人际关系的法宝。忍让之苦能换来甜蜜的结果。

春秋五霸之一的晋文公，本名重耳，未登基之前，由于遭到其弟夷吾的追杀，只好到处流浪。有一天，他和随从经过一片地。因为粮食已吃完，他们便向田中的农夫讨些粮食，可那农夫却捧了一捧土给他们。

面对农夫的戏弄，重耳不禁大怒，要打农夫。他的随从狐偃马上阻止了他，对他说：“主君，这泥土代表大地，这正表示你将要称王了，是一个吉兆啊！”重耳一听，不但立即平息了怒气，还恭敬地将泥土收好。

狐偃身怀忍让之心，用智慧化解了一场难堪，这是胸怀远大的表现。如果重耳当时盛怒之下打了农夫，甚至于杀了人，反而暴露了他们的行踪，狐偃一句忠言，既宽容了农夫，又化解了屈辱，最终成就了大事。

忍让是智者的大度，强者的涵养。忍让并不意味着怯懦，也不意味着无能。忍让是医治痛苦的良方，是一生平安的护身符。

生活中许多事当忍则忍，能让则让。善于忍让，宽宏大量，是一种境界，一种智慧。处在这种境界的人，少了许多烦恼和急躁，能获得更加亮丽的人生。

有一个绅士过独木桥，刚走几步便遇到一个孕妇。绅士很礼貌地转过身回到桥头让孕妇过了桥。孕妇一过桥，绅士又走上了桥。走到桥中央又遇到了一位挑柴的樵夫，绅士二话没说，回到桥头让樵夫过了桥。第三次绅士再也不贸然上桥，而是等独木桥上的人过尽后，才匆匆上了桥。眼看就到桥头了，迎面赶来一位推独轮车的农夫。绅士这次不甘心回头，摘下帽子，向农夫致敬：“亲爱的农夫先生，你看我就要到桥头了，能不能让我先过去。”农夫不干，把眼一瞪，说：“你没看我推车赶集吗？”话不投机，两人争执起来。这时河面漂来一叶小舟，舟上坐着一个和尚。和尚刚到桥下，两人不约而同地请和尚为他们评理。

和尚双手合十，看了看农夫，问他：“你真的很急吗？”农夫答道：“我真的很急，晚了便赶不上集了。”和尚说：“你既然急着去赶集，为什么不尽快给绅士让路呢？你只要退那么几步，绅士便过去了，绅士一过，你不就可以早点过桥了吗？”

农夫一言不发，和尚便笑着问绅士：“你为什么要农夫给你让路呢，就是因为你快到桥头了吗？”

绅士争辩道："在此之前我已给许多人让了路，如果继续让农夫的话，便过不了桥了。"

"那你现在是不是就过去了呢？"和尚反问道，"你既已经给那么多人让了路，再让农夫一次，即使过不了桥，起码保持了你的风度，何乐而不为呢？"绅士满脸涨得通红。

在生活中，有人说宽容是软弱的象征，其实不然，有软弱之嫌的宽容根本称不上真正的宽容。宽容是人生难得的佳境——一种需要操练、需要修行才能达到的境界。

心理学家指出：适度的宽容，对改善人际关系和身心健康都是有益的。大量事实证明，不会宽容别人，亦会殃及自身。过于苛求别人或苛求自己的人，必定处于紧张的心理状态之中。由于内心的矛盾冲突或情绪危机难于化解，极易导致肌体内分泌功能失调，诸如使儿茶酚胺类物质，如肾上腺素、去甲肾上腺素过量分泌，引起体内一系列劣性生理化学改变，造成血压升高、心跳加快、消化液分泌减少、胃肠功能紊乱等，并可伴有头昏脑涨、失眠多梦、乏力倦怠、食欲不振、心烦意乱等症候。紧张心理的刺激会影响内分泌功能，而内分泌功能的改变又会反过来增加人的紧张心理，形成恶性循环，贻害身心健康。有的过激者甚至失去理智而酿成祸端，造成严重后果。而一旦宽恕别人之后，心理上便会经过一次巨大的转变和净化过程，使人际关系出现新的转机，诸多忧愁烦闷可得以避免或消除。

人生，随时都可以重新开始

人生随时都可以重新开始，没有年龄限制，更没有性别区分，只要我们有决心和信心，即使到了70岁，梦想也能实现。因为，有开始就有希望，不管最终的结果如何，付出行动就一定会得到相应的成果。世事万物都是依循这个简简单单的道理在运行，只要有了开始，就会有果实累累的一天。

一天，俄罗斯剧作家克雷洛夫在街上行走。

忽然，有个年轻的果农走上前来，拦住了他的去路。果农拿着一种果子，向克雷洛夫兜售。

年轻人腼腆地对他说：“先生，请您帮忙买些果子吧！不过，我要老实告诉您，这些果子其实有点酸，因为这是我第一次种果子。”

克雷洛夫见这个果农如此诚实，心生好感，便向他买了几个果子，并对他说：“小伙子，别灰心啊！你以后种的果子会越来越甜的，我第一次种的果子也是酸的。”

年轻人一听，以为遇到了同行，连忙向他请教：“您以前也种过果树吗？后来呢？”

克雷洛夫笑着说：“我啊！我收获的第一个果实，是《用咖啡渣占卜的女人》。不过，当时没有一个剧院愿意演出这个剧本。”

在生活中，我们不必担心未来的结果，只要仔细检查眼前的步伐有没有错误，走一步便修正一步，那么当我们站在终点时，自然能站立得踏实又稳健。别害怕开始时的跌倒与挫折，就像克雷洛夫自我调侃的例子，当我们跨出第一步的时候，通常都会遇到让自己难堪的窘境。只要不放弃、能坚持，我们就一定能品尝到努力付出所结出的甜美果实。

在现实生活中，人们总是希望自己能够多一些快乐，少一些悲伤，能够多一些顺利，少一些挫折。可是命运似乎总爱捉弄人，跟人开玩笑，总是给人更多的折磨、痛苦、失落与挫败。

然而，所有的这些在经过沉淀以后都会变成一种财富！

1952年，世界著名的游泳好手弗洛伦丝·查德威克从卡德林那岛游向加利福尼亚海滩。两年前，她曾经横渡过英吉利海峡，现在她想再创一项纪录。

这天，当她游近加利福尼亚海岸时，嘴唇已冻得发紫，全身一阵又一阵地打着寒战。她已经在海水里泡了十六个小时。远方雾霭茫茫，使她难以辨认伴随着她的小艇。查德威克感到难以坚持，她向小艇上的朋友请求："把我拖上来吧。"艇上的人们劝她不要向失败低头，要她再坚持一下。"只有一英里（1英里≈1.6094千米）远了。"他们告诉她，但浓雾使她难以看到海岸，她以为人们在骗她。"把我拖上来！"她再三请求着。于是，冷得发抖、浑身湿淋淋的查德威克被拉上了小艇。

后来，她告诉记者，如果当时她能看到陆地，她就一定能坚持游到终点。大雾阻止了她去夺取最后的胜利。

这件事过后，她认识到，事实上，妨碍她成功的，不是大雾，而是她内心的疑惑。是她自己让大雾挡住了视线，迷惑了心，无法坚持自己的方向，先对自己失去了信心，然后才被大雾给俘虏了。

两个月后，查德威克又一次尝试着游向加利福尼亚海岸。浓雾还是笼罩在她的周围，海水冰凉刺骨，她同样望不见陆地。但这次她坚持着，她知道陆地就在前方。

无可否认，在我们的一生中，或多或少都要经历挫折。也许每一次，你都无法改变外界的现实与残忍，但是你可以改变自己的心态。因为每个人的生命都是一幅属于自己的作品，不管遭遇多少困难与命运的无情打击，只要你愿意，可以随便挥洒手中的彩笔，使自己的生命更加缤纷亮丽。挫折，在很多时候其实是一笔难能可贵的财富。

今天是一个结束，又是一个开始。昨天是成功也好，失败也罢，今天都可以重新开始，重新开拓自己的人生。昨天失败了，不要紧，今天忘了它，总结失败的教训，继续新的努力。即便昨天是成功的，今天依旧要重新开始，在成功的基础上继续努力，争取更辉煌的进步。

人生路上，适度的挫折在某种意义上有很大的作用。它可以帮助人们驱走惰性，使人奋进。英国哲学家培根说过：“超越自然的奇迹多是在对逆境的征服中出现的。”挫折确实是一种挑战和考验，问题的关键在于你有没有勇气去面对挫折和如何面对挫折。

有位哲人曾经说过：“挫折是一剂良药，虽苦却能治病。只要你有足够的勇气喝下去，就能药到病除。因为只有喝下挫折的苦，才能品尝到成功的甜。”如果能正视挫折的本质，你就该勇敢地从跌倒的地方站起来，重新开始新的人生，好好把握以后的命运。更何况，在人生的道路上，由于年轻，难免会犯这样或是那样的错误，那么就更应该，而且是别无选择地重新开始！让昨日的一切随风而去，迎接明天的美好与辉煌。

一个人的潜能是无限的，不论你处于什么样的困境当中，只要心中对未来充满自信，适时总结过去的经验，你就能迎来一个多姿多彩的明天。

因此，请不要轻言放弃，挫折只不过是漫长人生路上的一个过渡期。它又好比一块坚硬的磨刀石，我们的生命只有经过它的打磨，才能闪耀出夺目的光芒。任何时候，任何地方，我们都可以重新开始。

总之，人生就是不断重新开始的过程，随时都可以有新的开始，新的希望，新的天空。

遗忘是一种生活的智慧

人的一生难免会留下或多或少的遗憾，总会有不堪回首的过往。那是岁月中，只有在深夜才能触及的内心深处最柔软的地方。时光会漂白记忆，让回忆变得不真实。很多时候我们蓦然回首，才发现一切早已时过境迁，物是人非。

在漫长的人生旅途中，如果总是把那些恩怨得失、功名利禄放在心中，把那些烦心无聊之事放在脑海里，就等于背上了沉重的包袱、戴上了无形的枷锁。这样的生活除了累就是苦，丝毫没有快乐和情趣可言。

想在人生之路上走得开心、活得幸福，就要学会遗忘，将那些痛苦和不幸、失望和遗憾、恩怨和是非全部清除出大脑，这样自然更容易享受幸福和快乐。忘记那些不愉快的人和事，是告别昨日痛苦的唯一有效的方法。把坏情绪倒掉，给好情绪腾出空间，这就是快乐的加减法。

阿加莎生于1890年，在那个时代，任何一个阶层的妇女普遍都没有工作。后来，她嫁给一个贫穷的男人，婚后的日子虽然拮据，但他们还是同甘共苦，熬过了艰辛的岁月，并生了一个可爱的女儿。

很多年以后，这个男人变得富有了，宽敞的房子、高档的车子都不在话下，成了名副其实的有钱人。然而，他爱上了另外一个年轻漂亮的女人。女儿对阿加莎说："父亲依然喜欢我，可他已经不喜欢你了。"尽管悲痛欲绝，但阿加莎不得不接受这样的现实。

等了一年多，丈夫依然没有回心转意，阿加莎不得不选择离婚。她对自己说：“从今天起，我要走出伤痛，将以后的快乐全部留给自己。”于是，她潜心写作，终于靠侦探小说闻名于世。

后来，一个年轻的考古学家喜欢上了她：“我非常喜欢考古，所以你没必要担心自己容颜已老。在我看来，你越老越有魅力，你越老我会越喜欢你。”更加难能可贵的是，他用一生践行了曾经的诺言。尽管一开始不被人看好，但他和阿加莎的爱情最终修成正果，成为一段被世人争相传诵的佳话。

生命中充斥着各种令人懊恼的人和事，你无法做到万事如意。有的人命中注定是你心口的伤痛，如果不幸遇到了负心人，碰上了糟心事，我们唯一能做的就是学会遗忘，然后好好地生活下去。

昨天的错误、失败，不应该成为我们的心理负担，我们不应该带着它们上路，因为这种负荷会把人压垮。毕竟过去的已经没有重温的必要了，如果背负太多的过往，就无法为未来留有一席之地，就是在扼杀将要拥有的未来。人生短短数十年，为什么不能坦然一些，将日子过得平淡、舒坦一些呢？

一个人前行的时候，肩上的包袱越轻越好。负重太多，压力就大，自然走不快，也无心欣赏沿途的美景。我经常劝解那些遭遇困境的年轻人，提醒他们学会与过去和解，并懂得放下某些人和事。忘却仇恨，记住爱意，这是身心健康、快乐的唯一法则。

杰克和汤姆一起去旅行。两个人经过一处山谷时，杰克失足滑落，幸好汤姆拼命拉住他，才转危为安。一场虚惊，让两个人感慨不已。良久，杰克在附近的大石头上刻下了一行字：×年×月×日，汤姆救了杰克一命。

接着，两个人继续往前走，几天后来到河边。汤姆跟杰克为了一件小事吵起来，冲动的汤姆一气之下，打了杰克一个耳光。杰克便跑到沙滩上写下了这样一行字：×年×月×日，汤姆打了杰克一个耳光。

过了一段日子，两个人旅游归来。有人知道了他们旅途中的惊险和不快，便好奇地问杰克，为什么要把汤姆救他的事刻在石头上，而将汤姆打他的事写在沙滩上？

杰克想了想，富有深意地说："我永远都感激汤姆，因为他挽救了我的生命；至于他打我的事，随着沙滩上字迹的消失，我会忘得一干二净。"

我们不禁要为杰克的做法拍案叫绝。对于生活中那些令人高兴、感恩的事情，我们应该牢记在心；但对于那些令人伤心、烦恼的事，如果始终无法放下，就会让自己生活得很累、很苦。所以，富有智慧的人不会去触碰心灵深处不愉快的事情，因为这很容易影响眼前的快乐生活。

遗忘是一种生活的智慧。如果忘了他人对我们的伤害，忘了朋友对我们的背叛，忘了曾经受过的耻辱，心就会变得豁达宽容，我们就能更加主动、自信地开始全新的生活。

有位心理学家说过，遗忘是人类最大的智慧，能解放执行其他任务的脑力。当你有了烦恼和怨恨时，可以通过某种适当的途径发泄出来，比如找好友谈谈心，或者大声哭一场、猛击沙袋等。发泄完之后，心情就会好很多，自然就会把不愉快抛之脑后了。

人的一生很短，并没有太多的时间可以用来挥霍，当你被坏情绪左右时，要提醒自己学会遗忘，摆脱坏情绪对你的控制。其实，保持长久快乐的秘诀就是善于忘却。如果你能做到这一点，就可以丢掉包袱、轻装上阵，将生活过得潇洒自在、多姿多彩。

往事已矣，又何必再提？你的心痛过，就无须再痛；你的泪流过，就无须再流。让一切随风飘散吧，毕竟我们还要面对明天！